Découvrez
vos superpouvoirs
chez le psy

Groupe Eyrolles
61, bd Saint-Germain
75240 Paris Cedex 05

www.editions-eyrolles.com

Avec la collaboration d'Alice Breuil

Le Code de la propriété intellectuelle du 1er juillet 1992 interdit en effet expressément la photocopie à usage collectif sans autorisation des ayants droit. Or, cette pratique s'est généralisée notamment dans l'enseignement, provoquant une baisse brutale des achats de livres, au point que la possibilité même pour les auteurs de créer des œuvres nouvelles et de les faire éditer correctement est aujourd'hui menacée. En application de la loi du 11 mars 1957, il est interdit de reproduire intégralement ou partiellement le présent ouvrage, sur quelque support que ce soit, sans autorisation de l'éditeur ou du Centre français d'exploitation du droit de copie, 20, rue des Grands-Augustins, 75006 Paris.

Marie-Estelle Dupont

Découvrez vos superpouvoirs chez le psy

EYROLLES

Également dans la collection « Comprendre et agir » :

Juliette Allais,
- *Décrypter ses rêves*
- *Guérir de sa famille*
- *Au cœur des secrets de famille*
- *Amour et sens de nos rencontres*

Juliette Allais, Didier Goutman, *Trouver sa place au travail*

Dr Martin M. Antony, Dr Richard P. Swinson,
Timide ? Ne laissez plus la peur des autres vous gâcher la vie

Lisbeth von Benedek,
- *La Crise du milieu de vie*
- *Frères et sœurs pour la vie*

Valérie Bergère, *Moi ? Susceptible ? Jamais !*

Marcel Bernier, Marie-Hélène Simard, *La Rupture amoureuse*

Gérard Bonnet, *La Tyrannie du paraître*

Jean-Charles Bouchoux, *Les Pervers narcissiques*

Sophie Cadalen, *Aimer sans mode d'emploi*

Christophe Carré, *La Manipulation au quotidien*

Marie-Joseph Chalvin, *L'Estime de soi*

Cécile Chavel, *Le Pouvoir d'être soi*

Claire-Lucie Cziffra, *Les Relations perverses*

Michèle Declerck, *Le Malade malgré lui*

Flore Delapalme, *Le Sentiment de vide intérieur*

Ann Demarais, Valérie White, *C'est la première impression qui compte*

Brigitte Allain Dupré, *Guérir de sa mère*

Sandrine Dury, *Filles de nos mères, mères de nos filles…*

Jean-Michel Fourcade, *Les Personnalités limites*

Micki Fine, *Aime-moi comme je suis*

Laurie Hawkes,
- *La Peur de l'Autre*
- *La Force des introvertis*

IV

Steven C. Hayes, Spencer Smith, *Penser moins pour être heureux*

Jacques Hillion, Ifan Elix, *Passer à l'action*

Mary C. Lamia, Marilyn J. Krieger, *Le Syndrome du sauveur*

Lubomir Lamy,
– *L'amour ne doit rien au hasard*
– *Pourquoi les hommes ne comprennent rien aux femmes…*

Virginie Megglé,
– *Les Séparations douloureuses*
– *Face à l'anorexie*
– *Entre mère et fils*

Bénédicte Nadaud, Karine Zagaroli, *Surmonter ses complexes*

Ron et Pat Potter-Efron, *Que dit votre colère ?*

Patrick-Ange Raoult, *Guérir de ses blessures adolescentes*

Daniel Ravon, *Apprivoiser ses émotions*

Thierry Rousseau, *Communiquer avec un proche Alzheimer*

Alain Samson,
– *La chance tu provoqueras*
– *Développer sa résilience*

Steven Stosny Ph. D., *Les Blessées de l'amour*

Dans la collection « Les chemins de l'inconscient », dirigée par Saverio Tomasella :

Véronique Berger, *Les Dépendances affectives*

Martine Mingant, *Vivre pleinement l'instant*

Christine Hardy, Laurence Schifrine, Saverio Tomasella, *Habiter son corps*

Barbara Ann Hubert, Saverio Tomasella, *L'Emprise affective*

Gilles Pho, Saverio Tomasella, *Vivre en relation*

Catherine Podguszer, Saverio Tomasella, *Personne n'est parfait !*

À mon fils, Théophile.

À Alex.

*Et à vous tous qui, sans me connaître et désireux de sortir
de la souffrance, m'avez offert votre confiance. Merci.*

Table des matières

PREMIÈRE PARTIE

Le pouvoir de créer sa vie

Troisième partie
Se lancer

Mes patients découvrent en psychothérapie à quel point le fait de s'intéresser un tout petit peu à soi permet d'éviter quantité de souffrances dans le monde, c'est-à-dire dans sa propre vie, celle de ses proches et même celle d'inconnus. Simplement en libérant de l'énergie et en éradiquant la répétition des schémas de souffrance. Mettre de la conscience dans notre manière d'agir, de parler, identifier ce que nous ressentons, apprendre à nos enfants à faire de même est une voie parfois ignorée mais assurée vers le bien-être, la joie et la paix. Attendre de l'extérieur (biens matériels, remèdes miracles, proches ou hommes politiques) une amélioration de notre existence, c'est tourner le dos à nos « superpouvoirs », tellement plus rapides et efficaces. Il est vain d'attendre que les autres changent, que la situation s'améliore. Sur tout ce qui nous déplaît en nous et autour de nous, nous avons du pouvoir. Pas illimité, mais réel.

En tant que psychothérapeute, je suis interpellée par des personnes de tous horizons, du croyant fervent à l'intellectuel athée, de l'adolescent curieux au célibataire endurci, de l'étudiant en médecine à la danseuse professionnelle. On m'interroge sur le bien-fondé d'une démarche introspective, parfois avec candeur, parfois avec désespoir

– parfois aussi avec exaspération lorsqu'une première rencontre avec un « psy » s'est révélée décevante. Ces personnes posent souvent la question de façon binaire : soit nous avons des problèmes et les psys ne servent à rien (c'est un *a priori* ou une généralisation abusive fondée sur une expérience bien réelle), soit nous n'avons pas de problèmes et pourquoi donc se « triturer les méninges »…

D'une part, lorsque nous affirmons ne pas avoir de problèmes, il n'est pas certain que ceux que nous aimons soient du même avis. Nous avons peut-être décidé de ne pas les voir, de ne pas les résoudre ou de nous y résigner, mais soutenir que nous n'en n'avons pas, est pour le moins assez présomptueux. Être humain sur cette planète et ne pas avoir de problèmes est tout simplement antinomique. De même que nos cellules peuvent devenir cancéreuses si nous n'y prenons garde, nous avons tous un potentiel prodigieux pour être mal et faire du mal.

D'autre part, dire : « Je n'ai aucun problème, tout ce qui me rend malheureux vient de l'extérieur », c'est entrer dans une amertume dépressive, se condamner à « subir » d'incompréhensibles et injustes déceptions, se positionner en victime impuissante et devenir finalement intolérant et aveugle. Reprendre le contrôle de son existence implique de se considérer comme le dénominateur commun à toutes les situations vécues. Se souvenir de la façon dont nos blessures nous aiguillonnent préserve une empathie avec nous-mêmes qui évite aussi bien la victimisation que la dureté à l'égard d'autrui.

Dialoguer avec soi-même me semble être la façon la plus simple et la plus efficace d'éviter un nombre incalculable de situations douloureuses, voire irréversibles : maladie, divorce… La vie est une cascade de réactions en chaîne et de conséquences de choix passés. Le risque est de s'en apercevoir un peu tard, de s'accommoder (par paresse et peur du conflit) de la souffrance, des dégâts – ce qui est bien légitime. Nous pouvons nous raconter mille petits mensonges sous prétexte d'être raisonnables ou réalistes ; nous pouvons nous persuader de tout et son contraire, refouler, rationaliser, minimiser. Mais alors nous serons passés à côté de nous-mêmes, du bonheur et de la vie, à force de bricoler, d'opportunités en déceptions et de revanches en compromis. Certains s'engagent en politique pour changer le monde par la voie collective et extérieure. Je m'engage dans les suivis thérapeutiques parce que chaque patient est une petite porte sur le monde et que je ne crois pas aux utopies collectives.

En nettoyant notre monde intérieur, nous avons le pouvoir de retenir et d'éviter un nombre considérable d'effets papillon de la souffrance. « Travailler sur soi », c'est changer le monde. Faire un « travail sur soi » : certains diront que c'est une drôle d'expression ; d'autres y verront la nécessité d'une vie – qui ne se limite pas à ce qui se passe dans un cabinet. Après tout, le travail sur soi est une exigence non négociable de l'existence, ce perpétuel réajustement entre ce qui nous entoure et ce qui nous habite. Alors, on se décide à traiter nos déchets ou on laisse la pollution nous envahir ?

Parce que voilà, une blessure (psychologique ou physique) c'est trois possibilités :

1. Je laisse ma blessure dominer ma vie. Comme une entorse mal soignée, parfois une mutilation, je m'organise, me déforme et me tortille pour que la douleur soit moins sensible. Mais en réalité,

je renonce à courir, les tensions s'accumulent dans mon corps, je compense avec les antalgiques, la cigarette ou l'alcool, qui à leur tour impactent ma santé. Je ne rencontre donc pas les mêmes personnes, etc. Conséquence : dégâts en cascade (situation la plus fréquente, soyons honnête). L'ignorance nous fait tirer des conclusions erronées de nos expériences. Nos interprétations biaisées nous maintiennent dans nos erreurs. Jusqu'au jour où nous découvrons que ce qui nous fatigue, ce n'est pas telle activité mais notre façon de nous alimenter, ou encore le désespoir d'être dans une situation qui nous fait du mal sans savoir comment en sortir.

2. J'identifie ma blessure, je cicatrise et je la dépasse. C'est fini, ça ne me concerne plus. Par exemple, faire un deuil ou rompre. Voilà. C'est dur, mais ça libère et ça fait de la place. La cicatrice est là, petite, indolore, presque invisible. La place est libre ! Le deuil ou la séparation peuvent libérer tellement d'énergie ! Enrichis du passé, nous nous ouvrons au champ des possibles. On garde le meilleur, on se débarrasse du reste. La souffrance a été présente à un moment donné, mais elle n'est pas pathologique, elle fait partie de la vie, et elle s'arrête peu à peu pour faire place à autre chose, qui sera bon et enrichissant. Ça fait partie du CV.

3. La blessure est purulente, invalidante, quoi que j'en pense et même si je fais tout pour me prouver le contraire, être au top et ne jamais y repenser. Les insultes et les mauvais traitements de mon enfance, l'inceste ou la manipulation perverse de mon parent… J'ai beau dire que c'est le passé, me réjouir que ce soit

fini, positiver, être « résilient[1] », la douleur coule dans mes veines, poison qui oriente mes attirances et nourrit mes angoisses. Ces blessures ne sont pas dépassables. Certains traumatismes transforment à jamais, il faudra bien l'admettre une fois pour toutes : déportation, torture, inceste, parent pervers, mère toxique, frère violent, et bien souvent cumul de plusieurs de ces situations… Dépassables non, transformables oui. Parce que nous ne sommes pas notre passé, nous ne sommes pas ce que les autres nous ont fait, nous ne sommes pas nos séquelles. Quoi que nous ayons subi, nous pouvons continuer de vivre à condition qu'il y ait un passeur, une personne bienveillante, un témoin qui reconnaisse l'ampleur des dégâts et la gravité du traumatisme.

Toute personne victime d'une blessure peut connecter ses superpouvoirs (je continue d'employer ce terme parce qu'un peu de légèreté dans l'horreur ne fait pas de mal, elle est même source d'énergie quand le traumatisme est si intolérable que seuls nous restent l'humour et le respect de notre souffrance). Alors la victime, connectant ses superpouvoirs, non pour oublier ce qu'elle a vécu mais pour en sortir, pourra être beaucoup plus forte que ceux qui ont tenté de la détruire consciemment ou non (mais en tant que psychothérapeute, en tant que femme et en tant que mère, j'aimerais qu'il y ait moins d'angélisme en matière de violence éducative et de relations perverses en famille). Travailler sur soi, c'est se dire : « Avec l'aide d'une personne bienveillante, empathique et capable

---

1. La résilience est un concept développé par le psychiatre et psychanalyste Boris Cyrulnik pour désigner la capacité d'un individu à faire face à une situation de stress ou un traumatisme et à renaître de sa souffrance.

de reconnaître le traumatisme, je vais renverser le destin. Tu as tenté de me détruire ? Loupé. Je suis vivant. Et maintenant je vais me donner le meilleur. Ni soumission, ni répétition, ni même vengeance. Toi, mon parent toxique, tu ne mérites plus mon attention. Puisque je n'ai pas le pouvoir d'effacer le mal que tu m'as fait, les terreurs que tu as laissées dans ma chair, je vais transformer ça. M'accueillir, me rassurer et tirer ma force de mon désespoir, ma réussite de tes coups de pied, ma joie de ma conscience tranquille. Le monde extérieur ne pourra pas me faire pire que toi parce que nul n'a autant d'emprise sur un enfant qu'un père ou une mère. »

Une victime peut se redresser et découvrir sa puissance. Sortant de son statut de victime, un individu peut retirer tout pouvoir à ceux qui l'ont abîmé. De sa poitrine étroite d'enfant interdit d'exister sortiront le cri et le souffle qui feront de lui un chanteur, un nageur, un acteur peut-être, exceptionnel, ou simplement un parent heureux de donner ce qu'il n'a pas eu. Oui, nous avons ce pouvoir. Vivre, c'est pouvoir. À condition d'ouvrir les yeux, de se lever et de marcher.

Vous avez dit
« superpouvoirs » ?

Le principal superpouvoir dont nous allons parler est celui qui inclut tous les autres. C'est un métapouvoir : bien se connaître. On parle en général d'introspection. Cela peut paraître austère, nombriliste ou ennuyeux. Il n'en n'est rien : connaître ses superpouvoirs, c'est en quelque sorte le superpouvoir des superpouvoirs. Cela tombe sous le sens, me direz-vous, et pourtant l'introspection nous fait encore peur. Nous nous plaignons quotidiennement, nous sommes parfois coupés de la réalité à force d'être focalisés sur notre frustration, notre ambition, notre insatisfaction, mais nous ne nous intéressons pas à nous-mêmes, à notre monde intérieur, à la source de nos maux et de nos ruminations. C'est dommage, parce que l'ignorance est une source infinie de malheur ; la connaissance, une source infinie de rectifications, de guérison, d'ajustements, de bonheur, d'harmonie. C'est dommage, parce que des superpouvoirs, nous en avons bien plus que nous ne l'imaginons.

Mais que signifie ce terme de « superpouvoir » ? Encore une nouveauté éphémère, un concept marketing, un vernis commercial pour psychanalyste en mal de lecteurs ? Nenni. Seulement une façon d'aborder le territoire des pouvoirs exceptionnels que nous possédons tous et dont nous ne prenons pas le temps de nous souvenir et de nous servir. Nous vivons comme des esclaves du temps et de la nécessité alors que nous sommes des démiurges. Les superpouvoirs, ce sont des pouvoirs dont nous n'avons pas suffisamment conscience ; dont nous ne nous servons pas assez ou pas du tout. Ensuite, ce sont des pouvoirs positifs et facilement utilisables une fois que nous les avons repérés. Enfin, ce sont des pouvoirs qui engendrent d'autres pouvoirs, sans avoir d'impact négatif sur autrui. Par exemple, le pouvoir de bien se connaître permet de communiquer avec son conjoint avant qu'une situation ne s'enlise et n'enferme le couple dans le non-dit. Vous n'aurez formulé aucun reproche, seulement exprimé votre ressenti et évité de cumuler des « tickets » de rancune qui exploseront joyeusement le jour où vous aurez déjà deux enfants et des cheveux blancs. Autre exemple : un superpouvoir comme l'intuition permet de gagner du temps, de sauver son enfant d'une situation qui l'aurait mis en danger émotionnellement, de s'en épargner les conséquences et donc de désamorcer une catastrophe psychologique. C'est un superpouvoir.

Nos superpouvoirs sont méconnus

Certains superpouvoirs sont communs à tous : superpouvoir de mettre de la conscience dans nos actes ; de choisir plutôt que de subir les influences de l'éducation, du milieu ou de la mode ; superpouvoir de la pensée, de la communication sans violence, de la perception, de l'intuition. Superpouvoir d'aimer, de réfléchir, de s'informer sur la santé, d'écouter son corps, etc. Bref, superpouvoir de la liberté, celle d'utiliser notre intelligence et notre sensibilité pour que notre vie soit un exemple de respect de soi et d'autrui, et pour s'y sentir heureux et vivants, plutôt que frustrés, pressés, nerveux et mécaniques. Même pour ceux-là, un psy est parfois utile. On ne nous a pas toujours fait prendre conscience de ces pouvoirs. L'éducation a plutôt tendance à nous transmettre de la peur, du conformisme, ou alors une incapacité à respecter autrui et à cultiver le meilleur de soi-même, ce qui est une supercatastrophe masquant une superimpuissance, et pas du tout un superpouvoir. Nos parents n'avaient peut-être pas conscience de leurs pouvoirs, et le dialogue avec un autre favorise cette prise de conscience de soi-même.

À chacun ses superpouvoirs

Et puis il y a les superpouvoirs propres à chacun. Toutes les fées ne se ressemblent pas, tous les sorciers n'ont pas les mêmes spécialités ! Nous avons tous des superpouvoirs différents de ceux de notre meilleur ami ou de notre voisin pour la simple raison que nous sommes tous différents et que nos qualités et nos défauts de départ n'ont pas donné lieu au même résultat selon l'histoire et l'expérience qui nous ont modelés. Certains enfants hypersensibles ont développé des superpouvoirs de guérison au contact d'un parent malade et ne le découvrent que très tardivement. Tout ce que nous avons vécu et tout ce que nous sommes nous a amenés à développer certaines aptitudes que nous laissons trop souvent en friche et qui pourraient fort bien nous être utiles pour rendre notre vie meilleure. Ces superpouvoirs sont « super » au sens où le fait de les découvrir déclenche une transformation prodigieuse dans notre existence. Pour certains, c'est simplement découvrir qu'ils ont le pouvoir de croire en eux malgré une enfance qui a sapé leur confiance. Pour d'autres, c'est découvrir cette capacité d'écoute insoupçonnée qui va révolutionner l'atmosphère familiale. Pour d'autres encore, ce sera prendre conscience que déchiffrer leurs rêves nocturnes leur apporte sur un plateau toutes les clés dont ils ont besoin pour avancer.

Découvrir ses superpouvoirs nécessite un accompagnement par un professionnel. Si la notion de superpouvoir a une résonance humoristique, elle n'a évidemment pas pour but de vous effrayer en vous confirmant dans l'idée que les psys sont des gourous en puissance qui vous font miroiter la toute-puissance en échange de votre confiance aveugle et de votre argent. Parler de superpouvoir est une manière légère de parler de ce que les grandes spiritualités nomment aussi le divin en nous. Et de se rappeler que le divin se niche dans le ressenti, dans le quotidien, dans l'instant présent, dans nos mille et une aptitudes à sentir, à penser, à toucher, à agir, à désirer… Dans notre sagesse intérieure, nos connaissances perpétuellement niées, notre ressenti. En réalité, le superoutil destiné à découvrir les superpouvoirs de chacun n'est autre que le dialogue, l'ouverture à soi-même, la pensée.

Nos pouvoirs sont légion. Ni tout-puissant ni impuissant, l'être humain est déterminé et libre. Pouvoir de choisir et de refuser, pouvoir de nous comporter de façon responsable, tyrannique ou masochiste, pouvoir de créer notre vie, pouvoir de guérison, de conviction, d'autosuggestion, pouvoir d'aimer, d'aider, de détruire, de quitter, de cicatriser, de s'affirmer, de donner, de conquérir, de séduire, de se transformer, de prendre le temps, de faire autrement, de réaliser, de se réaliser, de respecter, de se respecter, de se faire respecter, pouvoir de gagner, de perdre, de se taire ou de se battre, de dire « Oui », « Non », « Plus tard », de choisir pourquoi nous nous battons et pourquoi nous refusons de continuer à nous battre, pourquoi nous tolérons de prendre sur nous et pourquoi nous ne sacrifierons plus rien, pouvoir d'être dans des relations saines et fécondes ou perverses et destructrices, d'avoir des paroles stériles ou pleines de vie, pouvoir de transmettre amour, connaissance, foi (quelle qu'elle soit, mais avec l'énergie dont elle peut être vectrice si elle est libérée du dogmatisme et de l'extrémisme), joie, pouvoir d'empoisonner autrui, de le critiquer, de le disqualifier, de l'humilier. Pouvoir intellectuel, affectif et énergétique. Pouvoir de transmettre et de voir nos dons porter des fruits qui nous dépassent et nous réjouissent. Nous sommes libres de garder les pouvoirs positifs et de les transformer en superpouvoirs, c'est-à-dire en actes conscients qui vont engendrer en nous et autour de nous du *positif*. Et de laisser là les tristes pouvoirs de l'aigri et du malade en nous que sont la violence, le déni, l'impulsivité et la rigidité.

J'ai une autre bonne nouvelle pour vous. Vous avez une deuxième batterie, votre inconscient : le volcan, la source. Lui, il vous offre des mines de superpouvoirs sur un plateau. Il n'est ni bon ni mauvais. Ce n'est pas un pervers qu'il faut brider ou un maître à suivre aveuglément, juste une mine d'informations précieuses dont vous êtes libre de faire ce que bon vous semble : ne pas l'écouter, l'écouter et le suivre, l'écouter mais le contredire. Mais tout est là. Vous ne pourrez pas dire que vous ne saviez pas, votre inconscient le sait déjà (en témoignent les rêves, les intuitions, les ressentis corporels). Combien d'entre nous rêvent d'attentats juste avant qu'ils n'arrivent, d'une amie enceinte à l'autre bout du monde qui ne le sait pas encore… Il s'agit là des autres, mais vos rêves vous en disent encore plus sur vous-même. Servez-vous, quel gain de temps ! La raison coupée du corps et du ressenti, c'est l'autoroute vers la psychopathie. Ne soyons pas des psychopathes, soyons plutôt des créateurs, des inventeurs malicieux et économes de temps et de sacrifices, mais généreux et reconnaissants envers la vie et l'Univers. Tout est en nous, à l'état de petites pousses. Faisons germer !

Faire la paix avec soi-même

La seule difficulté, c'est que beaucoup de superpouvoirs sont déguisés ou mal vus. Nous devons donc les démasquer en nous moquant éperdument qu'ils aient mauvaise presse. Et pour cela, le psychothérapeute est d'un grand secours.

Par exemple, le sens critique et le libre arbitre. Allez-vous continuer longtemps à trouver parfaitement normal que tout le système éducatif et de consommation dans lequel nous vivons nous pousse doucement mais sûrement dès la naissance à être dociles, un peu mous et le plus « normaux » possible ? Ou allez-vous permettre à votre enfant, par des activités physiques, par un accès limité aux aliments transformés et au sucre, par des dialogues et une communication non violente, à développer sa santé physique, à aiguiser sa réactivité et à apprendre à dire « Non » sans avoir peur d'être forcé, rejeté ou abandonné ? Allez-vous lui permettre de développer son superpouvoir de dire « Non », de ne pas avoir envie, de se faire entendre, d'être respecté dans ses rythmes, protégé sans être étouffé, guidé dans ses choix sans être contredit ou « dressé » dans ses goûts et ses désirs, et de se respecter ? Ou allez-vous l'amadouer et le forcer à être un parfait stéréotype de sa génération et de sa catégorie sociale, qui possédera toutes les « qualités » que vous pestez de ne pas avoir, pour que surtout, surtout, il soit « tellement mignon » qu'il fasse votre fierté ?

Allez-vous utiliser votre superpouvoir d'empathie et d'imagination pour l'aider à développer ses superpouvoirs de respect et d'épanouissement, ou vous contenter de lui administrer les violences ordinaires et banalisées que vous avez subies, en laissant s'installer une ambiance pénible à la maison ? Bref, allez-vous choisir le banal et ses effets secondaires ou oser le meilleur et voir ce que cela donne ?

Autre exemple, l'intuition. Allez-vous continuer longtemps à vous faire violence en appliquant les conseils d'un pédiatre dont vous sentez au plus profond de vous qu'il prescrit des choses qui ne conviennent pas à votre enfant ? Ou allez-vous utiliser votre superpouvoir d'écouter votre ressenti et ce qu'exprime votre enfant ?

Le superpouvoir de dire « Non » et de prendre des vacances ou de se reposer est mal vu et peut passer pour de la démission ou de la fuite. Mais vous, vous savez que c'est ce qui vous permet de tenir le reste du temps et de donner le meilleur de vous-même. Vous avez donc le superpouvoir de rester ferme dans cette décision parce que vous savez pertinemment que faire un burn-out serait très néfaste pour votre famille, qui préférera sans doute vous voir revenir régénéré après une période de congés. Il s'agit simplement d'anticipation et de clairvoyance. En fait, comme vous pouvez le constater, vous avez aussi le superpouvoir de décréter superpouvoir tout ce que vous savez faire très facilement mais que vous n'osiez pas faire.

Vos superpouvoirs, ce sont toutes vos aptitudes innées d'être humain qui ont été bridées par votre éducation (j'ai dit vos aptitudes, pas votre capacité à détruire vos châteaux à peine construits) : superpouvoir de rester sensible et ouvert à l'autre, superpouvoir de se remettre vite des mauvais moments, superpouvoir de rêver, superpouvoir de créer et d'aimer, de dire « Non » et de s'entêter, superpouvoir de la spontanéité, superpouvoir de mentir et de tricher un peu pour se protéger parfois. Eh oui, ce sont des superpouvoirs. La supernouvelle, c'est qu'étant adulte, vous êtes désormais libre et capable de les utiliser à bon escient. Pour les autres mais aussi pour vous. Pour créer votre vie et participer à un monde meilleur si tel est votre désir.

Bref, le monde et chacune de nos vies sont un peu la résultante de tous nos superpouvoirs. Entre ceux qui entrent en collision faute d'être utilisés consciemment ou à bon escient et ceux qui restent toute une vie au garage, cela donne un monde assez hasardeux, avouons-le. Les connaître change tout : premièrement, nous les utilisons consciemment ; et deuxièmement, nous choisissons ces outils à notre portée en fonction des situations. Les ignorer, c'est continuer de vivre comme un mendiant ou un prisonnier qui ne sait pas qu'il possède un trésor ou qu'il est libre. Les connaître, c'est s'autoriser à vivre pleinement, à découvrir les parties ignorées de nous-mêmes, sources d'énergie et de créativité, à se réapproprier nos richesses intérieures qui seront autant de ponts vers des relations et des réalisations heureuses et inattendues. Certes, se connaître demande du travail et un peu de courage : il faudra harmoniser, choisir, accorder ces parties de nous-mêmes ignorées, refoulées, inassumées, mais n'est-ce pas plus enthousiasmant et finalement moins fatigant que de vivre en étant coupé de sa propre source intérieure ? Ce « traité de paix » avec soi-même s'instaure au fil d'un dialogue et sera une source d'énergie et une base de sécurité d'une extrême puissance pour toutes les situations de notre vie, quelles qu'elles soient. Parce que le dénominateur commun de toutes les situations que nous vivons n'est autre que « je », apprenons à le connaître et le à positionner d'une manière juste pour soi-même et autrui. Quel gain de temps, d'énergie, de santé ! Se connaître, c'est oser fermer la porte au négatif et se saisir de ses superpouvoirs. Alors la musique de votre vie ressemblera à un morceau qui vous plaira, valse ou rock'n'roll, et non plus à une cacophonie douteuse…

Le pouvoir de créer sa vie

« Connais-toi toi-même »

Cette phrase de Socrate, « Connais-toi toi-même », a traversé les siècles et les frontières. Confucius et Lao-Tseu disaient déjà la même chose avec des mots à peine différents : « Connaître le monde est sagesse, se connaître est sagesse suprême », « Qui domine les autres est fort, qui se domine est puissant ». Il ne s'agit pas de faire l'apologie du contrôle ou du perfectionnisme, simplement de se souvenir qu'au-delà des multiples déterminismes (génétiques, hormonaux, sociologiques, environnementaux, affectifs, familiaux…), nous sommes dotés d'une conscience réflexive et d'un libre arbitre dont nous pouvons nous servir pour notre plus grand bien. Une juste attention portée à soi, aux indices intérieurs de nos attirances et de nos répulsions, de nos désirs et de nos peurs, nous permet de *créer notre vie*. Nous ne choisissons pas au départ les « règles du jeu » (santé, milieu social, personnalité de nos parents…), mais connaître cette donne permet de se positionner, de prendre le volant de sa vie. Il y aura de l'imprévu, des écarts, des impondérables, il faudra tracer la route, mais toujours nous garderons cette liberté de décider. Quelle carte puis-je me permettre d'utiliser, puisque telle autre me fait défaut ?

Si « Je est un autre », commençons par lui dire bonjour…

Bien se connaître, c'est refuser la fatalité. Repousser les risques de répétition, les choix dont nous savons pertinemment qu'ils ne sont que des impasses. C'est briser les cercles vicieux, éviter l'enfermement, parfois la maladie physique, et dire « Non » à ce qui est mauvais pour soi. Prendre le temps de se connaître et travailler à être un homme ou une femme libre. Développer son intuition, et marier sa raison et son sixième sens pour gagner beaucoup de temps et faire taire les « Il faut » et les « Tu devrais » qui valent sans doute pour celui qui les énonce, mais peut-être pas pour nous, ici et maintenant. Comme une mère identifie progressivement ce qui convient ou non à son enfant, ce qui l'aide à grandir ou au contraire l'infantilise ou l'épuise, ce qui va trop vite ou pas assez selon ses capacités et ses potentiels, nous pouvons apprendre à connaître ce qui nous constitue, nos limites, nos désirs, nos possibilités, nos failles. Bien se connaître, c'est passer de la théorie à la pratique. En théorie, il faudrait faire ceci ou cela, aimer ceci ou cela. En pratique, je ne suis pas comme ça et cela ne me conduira ni à la paix avec autrui ni au bonheur. Je me connais et c'est ce qui me rend indépendant. Pas tout-puissant, mais *autonome*.

Comment savoir où aller en ignorant qui nous sommes et ce qui nous a construits, détruits, modelés ? Notre éducation puis l'environnement social et ses modes se chargeront sans doute de décider, mais alors nous ne créons pas, nous subissons. « Mais je sais déjà, ça va de soi, je me connais, je connais mon histoire, je sais ce que je veux »… Pas si vite ! Ce qui va de soi, ce qui semble s'imposer comme une évidence, c'est peut-être l'autoroute dessinée par notre éducation et nos complexes. Combien de choix amoureux sont de grands fourvoiements, surdéterminés par la peur, la méconnaissance de soi, les projections en tout genre. Et l'on ose encore appeler cela de l'amour ? L'inconscient est conservateur, très attaché à ce qui lui est familier. Ce n'est souvent que la reconnaissance d'un « spécimen » correspondant parfaitement à nos conditionnements, comme ces femmes qui, de mère en fille, épousent un militaire, comme celles qui ont entendu leur mère critiquer les hommes et choisissent un partenaire médiocre, voire toxique. Comment devenir ce que nous sommes si nous nous laissons simplement guider par les années et les attentes (sociales, familiales), les nécessités externes devenant des repères vaguement rassurants, au risque d'avoir vécu sans identifier sa place et son désir ?

Damien était persuadé de vouloir faire carrière en politique, jusqu'au jour où il s'est rendu compte à quel point cela l'ennuyait, mais il se sentait forcé de le faire pour « compenser » quelque chose et aller au bout de son « destin ». Ce rôle lui donnait l'impression de coller parfaitement aux attentes sociales comme à son histoire familiale. Finalement, il s'est libéré de son destin et a réussi brillamment dans un domaine qu'il aime vraiment, y gagnant la satisfaction de ne plus être coupé de ses propres aspirations. « Je suis cohérent, et cela me fait du bien », m'a-t-il dit le jour où sa psychothérapie a pris fin. Le bonheur, n'est-ce pas mettre en accord ses pensées, ses dires et ses actes ? N'est-ce pas s'offrir cette cohérence ?

Nous vivons le plus souvent dans l'ignorance de notre monde intérieur. Connaître sa propre personnalité, son histoire, leurs reliefs et leur impact sur nos choix évite d'aller de déception en mauvaise surprise. Cette connaissance offre des clés pour cesser de s'étonner devant le scénario qui se décline indéfiniment, fondamentalement identique d'une relation et d'un contexte à l'autre. Connaître son propre mode de fonctionnement évite de le découvrir… trop tard, une fois que l'autre est parti, une fois que nous nous sommes engagés dans une voie qui ne nous convient pas par peur de dire « Non », une fois que nous nous sommes laissés aller à la violence. De cette conscience élargie découlera naturellement une mutation. La prise de distance permet de s'exprimer différemment ; la mise en perspective, de se positionner autrement.

Une question de santé

Nul n'est à l'abri de tomber malade. Physiquement. Psychologiquement. Bien se connaître limite ce danger ou permet de convertir ces moments de fragilité, de maladie, de dépression, en passages et non en inéluctables descentes ou irrécupérables pertes. Nous entretenons notre corps et, pourtant, si nous ne faisons pas de même avec notre âme, c'est le corps qui paiera. Un jour ou l'autre, l'âme laissée en friche s'exprimera d'une façon extrême, car les maux du corps s'aggravent à mesure que les mots restent sans voix. Passer sa vie avec soi-même sans se connaître engendre trop de dégâts collatéraux. Pas seulement pour nous, pour les proches aussi. Pour les enfants dont nous aurons peut-être la responsabilité. Quand un homme et une femme se parlent dans un couple, il s'agit de repérer les projections de l'homme qui s'adresse à la femme idéale et de la femme qui s'adresse à l'homme idéal, sachant que l'autre n'est pas au courant de ce que vous mettez dans « idéal » : vous-même pensez le savoir mais ce n'est pas si clair ! Nous serions plus légers et nos décisions meilleures si nous savions identifier nos besoins insatisfaits et nos désirs insatiables. Reconnaître en soi par exemple le désir insatiable d'être aimé ou un besoin éperdu de reconnaissance nous rend moins esclave de ce sur quoi nous déplaçons ces tendances (conquêtes amoureuses, réussite financière, visibilité médiatique, etc.). Nous-mêmes et nos proches souffrons dès lors moins du stress et de l'égocentrisme compétitif qu'engendre cette avidité. Car si elle peut être un moteur, elle peut devenir cause d'insatisfaction chronique. En ignorant qui est « je », comment l'assumer et lui permettre d'exister, de prendre toute sa place (mais pas toute la place) et de s'épanouir dans un échange juste avec le monde extérieur ? La facture en matière de liberté, de santé et de bonheur est trop coûteuse.

Prendre soin de son état physique

La santé de l'être implique de prendre soin tout à la fois du corps, des relations et de l'âme. La connaissance de notre corps, de nos émotions et de notre fonctionnement psychologique est un garant de notre santé au sens large (physiologique, émotionnelle, mentale), chacune de ces sphères rétroagissant sur les deux autres. Accorder du temps et de la place à son monde intérieur, c'est à la fois ne pas s'oublier dans la vie de couple et assurer au couple une possibilité d'avenir. C'est éviter de faire de « l'amour » un lieu de perdition, de fusion, de haine et de projections inextricables. *A fortiori*, si nous voulons des enfants : est-ce que nous nous reproduisons comme des animaux ou est-ce que nous allons transmettre quelque chose ? La femme qui va accoucher éprouve un besoin parfois irrépressible de ranger la maison, de préparer le nid. Préparons-nous. Soyons dignes et propres pour l'autre. Pour ne pas perdre sa propre place, tout en lui faisant de l'espace. Faire du couple un troisième espace pour la rencontre et éviter la collusion exigent de garder une vie à soi et de l'entretenir. Si l'un joue le jeu et pas l'autre, ça ne fonctionnera pas.

Virginie a arrêté sa psychothérapie après deux ans d'un travail gigantesque parce que le mari qu'elle avait choisi était très rigide. Elle venait d'un milieu « baba cool » et il la rassurait. Elle craignait de ne pas parvenir à l'attendre si elle continuait d'évoluer et qu'il n'avançait pas d'un iota. C'est tragique. C'est le contraire de l'amour : au lieu que la rencontre de deux êtres permette l'éclosion de la personnalité de chacun de façon bien différenciée au sein d'une relation profondément épanouissante et qui fait grandir, Virginie a dû choisir entre son harmonie intérieure et son harmonie conjugale. Pour sauver sa relation avec son conjoint, elle a cessé d'évoluer. Un jour, elle lui en voudra et sauvera sa peau psychique en divorçant (mais j'en doute, non seulement parce que le divorce est inenvisageable dans le milieu de son mari, mais en outre parce que cela réactiverait trop d'angoisses chez elle), ou bien elle restera avec lui, oubliera ce à quoi elle a renoncé mais, bizarrement, elle n'aura pas de désir érotique – et se racontera que le sexe « n'est pas son truc ». Elle sera tendue, stressée pour de faux problèmes, fragile sur tout un tas de plans physiologiques, enrhumée pour un rien, avec un abonnement chez le kiné pour ses douleurs lombaires et sa tendinite. Elle ne sera pas heureuse et se racontera le contraire, mais elle somatisera, n'éprouvera jamais le meilleur d'elle-même et remplacera probablement la plénitude par le perfectionnisme à tout crin.

Prendre soin de ses émotions

La santé physique ne peut faire l'économie de la santé émotionnelle : les effets oxydatifs extrêmement délétères du stress, des émotions négatives et de l'anxiété sont quotidiennement démontrés, chiffres à l'appui. Si le stress ponctuel est plutôt bon pour la santé, l'installation chronique, dans le corps, de réactions de stress (augmentation de la tension artérielle, mise en veille des fonctions de réparation cellulaire, etc.) est terriblement néfaste, affaiblissant l'immunité directement et indirectement. Il est désormais admis que la plupart des maladies chroniques sont d'origine multifactorielle : le patrimoine génétique fait partie des facteurs prédisposants, le stress et l'hygiène de vie des facteurs déclenchants. La survenue de maladies chroniques telles que l'hypertension ou le diabète, ou de pathologies comme le cancer, ne correspond pas simplement à l'expression d'un facteur biologique mais résulte d'une « conjonction explosive[1] » : conjonction entre le terrain biologique, l'environnement au sens large (exposition à une bactérie ou à un environnement professionnel anxiogène) et le facteur émotionnel. Nous pouvons éviter les cascades d'interactions négatives en prenant soin de notre être physiologique et psychique. Par exemple, le stress chronique, qui se traduit par des réactions inflammatoires, sollicite le corps au point d'en court-circuiter les capacités de réparation et de récupération, ce qui provoque des troubles fonctionnels (sommeil, digestion, brûlures d'estomac, douleurs articulaires après le sport…), puis fait le lit de maladies chroniques.

---

1. Rosine Debray *et alii, Psychopathologie de l'expérience du corps,* Paris, Dunod, 2005, p. 27.

Les recherches en immunité révèlent ainsi une réduction significative du taux de certains lymphocytes (cellules assurant la défense de l'organisme) chez les personnes ayant des difficultés pour exprimer leurs émotions, avec un niveau d'anxiété et de stress chronique élevé.

La physiologie des émotions

Les émotions sont apparues dans l'évolution avec les mammifères, c'est-à-dire lorsque la survie du petit s'est mise à dépendre du corps maternel nourricier. Nos réactions physiologiques nous indiquent ce qui est bon ou mauvais pour nous. Prendre conscience de ses émotions, de maux de ventre en présence de telle personne (Freud avait des douleurs gastriques chaque fois qu'il allait déjeuner dans la maison de famille où son frère était mort d'une maladie de l'estomac), d'une tension corporelle, nous éclaire sur ce qui nous convient et ce qui nous pose problème. Si nous ne pouvions pas repérer les signaux (tels que l'accélération de notre rythme cardiaque, l'élévation de la température du corps et un ensemble de réactions animales extrêmement puissantes et rapides) nous rappellant qu'il faut rester sur le trottoir quand un motard prend le virage à vive allure, la survie de l'espèce serait plus que menacée[1]. Lorsqu'un traumatisme crânien empêche un patient d'éprouver la peur, l'empathie, le chagrin, il devient un psychopathe dangereux pour les autres et pour lui-même. De la même façon, si nous n'éprouvions jamais de plaisir, nous mourrions de dépression : ce phénomène a été étudié par Spitz chez des bébés placés en orphelinat après la guerre (certains étaient plongés dans un état de dépression qu'il a baptisé « hospitalisme »).

---

1. Sur l'importance des émotions dans la survie, je recommande l'ouvrage de Derek Danton, *Les Émotions primordiales et l'éveil de la conscience*, préfacé par Jean-Pierre Changeux, Paris, Flammarion, 2005.

Ma pratique auprès de patients atteints de maladies chroniques (maladie de Crohn, HTA, diabète, dégénérescences ophtalmiques, maladies auto-immunes, atteintes cérébrales) me permet d'arriver au même constat que de nombreux chercheurs et de nombreux médecins[1] : le travail sur soi psychologique et spirituel permet une régulation des effets délétères de l'anxiété, une diminution des somatisations, voire des améliorations étonnantes. Vingt minutes de méditation deux fois par jour permettent de faire baisser les sécrétions hormonales de stress, l'anxiété, de calmer le rythme cardiaque, de modifier les ondes cérébrales par exemple. Les plus cartésiens des médecins reconnaissent être stupéfaits devant des rémissions inattendues, des évolutions de maladie ralenties chez des patients très atteints à l'occasion d'une réconciliation avec un proche, d'une rencontre amoureuse ou simplement de la décision de se mettre à la méditation ou au qi gong.

Ma pratique me met également sous les yeux les répercussions biologiques de la verbalisation des émotions en termes d'hypertension, de sommeil, d'équilibre hormonal, etc. Les hypertendus diminuent progressivement les médicaments, des femmes stressées chroniques retrouvent leurs règles, des patients atteints de maladies auto-immunes voient les crises inflammatoires s'espacer par la connaissance accrue de leur fonctionnement émotionnel. Identifiés, les problèmes n'ont plus besoin de se ficher dans un corps de douleur. Prendre soin de soi, ça marche ! Et si l'on se connaît suffisamment

---

1. Je fais ici référence au livre de Thierry Janssen, *La Solution intérieure. Réveillez le potentiel de guérison qui est en vous*, Paris, Pocket, 2007.

pour s'occuper de soi de la façon la plus adaptée, ça marche encore mieux et plus vite ! C'est vrai pour le corps, mais c'est vrai aussi pour notre psychisme et notre vie professionnelle.

Les effets du stress chronique

Les recherches croisées entre services de médecine interne et département de psychologie montrent des fréquences plus élevées de maladies chroniques inflammatoires (polyarthrite rhumatoïde, maladie de Crohn, rectocolite hémorragique...) dans certains contextes psychologiques. Nos trois principaux systèmes (nerveux, immunitaire et endocrinien) mettent en place des réactions d'adaptation au stress, d'où des effets délétères à long terme, des émotions négatives « entassées », accumulées. Nous pouvons ne rien faire et, un beau jour, être malades et consommer une multitude de médicaments onéreux et non dénués d'effets secondaires (c'est-à-dire laisser faire en songeant que la science pourvoira), ou bien nous pouvons faire attention à nous pour éviter au maximum d'en arriver là.

L'élaboration des émotions permet de se défaire de schémas toxiques. Ainsi le travail sur soi contribue à améliorer ou à protéger sa santé de diverses manières. Il est frappant de constater la récurrence, au sein d'une même famille, génération après génération, d'« anniversaires[1] » tragiques tels que la mort violente d'un enfant à tout juste 20 ans, la noyade d'un tout-petit, l'accident de voiture à un âge précis, etc. La levée d'un secret de famille fait disparaître des troubles somatiques, une souffrance reconnue permet que l'organisme récupère enfin. Nombre d'études ont montré qu'après

___
1. Je fais référence ici à l'ouvrage d'Anne Ancelin-Schützenberger, *Aïe, mes aieux* (Paris, Desclée de Brouwer, 1993) ainsi qu'aux travaux de psychanalystes ayant étudié les phénomènes de répétition d'une génération à l'autre.

une chimiothérapie, les personnes ayant bénéficié de relaxation et d'entretiens psychologiques rechutaient moins souvent et moins gravement que les personnes n'ayant reçu qu'un traitement chimique. Les efforts des médecins seront vains si le souffle de vie profond du malade est bloqué, hypothéqué par une violence non dite, une souffrance non identifiée. À ceux qui, cartésiens et rationnels, me croient en route vers nulle part, je leur réponds que j'en fais une question *scientifique* : par quel *a priori* et quel biais méthodologique peut-on penser qu'il faut maîtriser les déterminismes sociaux et biologiques, et ne pas se préoccuper de la sphère émotionnelle et psychique ? C'est bien qu'il y a là une résistance, une angoisse, un refus.

Acquérir un savoir que l'éducation ne nous a pas donné

Le travail sur soi est une question d'intérêt personnel : puisque nous sommes sommés de nous adapter pour survivre, autant limiter les dégâts ! Par dégâts, j'entends ces multiples renoncements et compromis que nous faisons au détriment de nous-mêmes. Dans la mesure où nous sommes un tout, nier les facettes les plus cachées de nous-mêmes ne les empêchera nullement de se manifester, mais donnera lieu à des troubles bien concrets (mal-être, dépression et maladies physiques). Nous ne sommes pas obligés de passer systématiquement sur nos sentiments avec un rouleau compresseur ! Cette brutalité envers nous-mêmes se répercute tôt ou tard sur notre ouverture à l'autre. À nous nier et à nous renier, nous vivrons moins bien que notre conjoint « perde du temps » en questionnements existentiels. Mon associée me disait récemment : « J'aurais pu faire comme si de rien n'était, mais c'est important aussi de ménager son affect. » Moi qui ai encore souvent tendance à décapiter mes émotions d'un revers d'ironie, j'ai trouvé qu'elle me donnait là une jolie leçon d'humilité et de respect de soi.

Nos relations n'en seront que plus saines. Nous sortirons de l'évitement comme de la soumission, de la fuite comme de la domination. Un travail sur soi commencé avant de se marier ? Mais c'est le plus beau cadeau de mariage que vous puissiez faire à votre conjoint !

Charlotte a entamé sa thérapie quelques mois avant son mariage. Son fiancé ne comprenait pas que son amour « ne lui suffise pas ». Il était à la fois naïf et plein d'*a priori*, idéalisant sans doute la relation conjugale. Charlotte a poursuivi son travail avec moi en lui disant : « Justement parce que je t'aime, j'ai des peurs que je dois régler, par rapport à la sexualité, la maternité. Tu n'y es pour rien, c'est mon passé, et je voudrais me marier sans toutes ces peurs qui me gâchent la vie. » Le travail que faisait Charlotte a permis à son fiancé de comprendre que l'amour ne consiste pas à vouloir être tout pour l'autre. Quand il lui a dit : « Tu peux m'en parler, on doit tout partager », elle lui a répondu : « Non. J'ai envie d'insouciance aussi avec toi, de légèreté. Pas de me sentir complètement en miettes. Ça, c'est pour ma psy. Je n'ai pas envie que tu sois mon aide-soignant et d'être une petite femme fragile. » Il a réalisé que sa future femme leur épargnait nombre de soucis et de scènes de ménage caricaturales de mimétisme avec le passé parental : en « déblayant » le terrain de leur relation par cette mise en perspective d'elle-même, cette remise en question de son propre fonctionnement, de ses peurs non résolues.

Je crois que lorsqu'il y a de l'amour et un peu de connaissance de soi, les gens font des miracles dans leur vie ! Nous avons trop naturellement une inclination à nous tourner exclusivement vers l'extérieur, souvent avec une avidité affamée qui nous réserve des déceptions douloureuses. Courant de nouveauté en nouveauté, matérielle, relationnelle ou autre, nous fuyons, négligeons ce qu'il y a au-dedans et cela me semble déséquilibré, caricatural et dangereux. Et pourtant… L'introspection a des effets étonnants sur notre vie quotidienne, nos réalisations personnelles, professionnelles, notre humeur, notre santé physiologique, nos relations. Nous vivons davantage, nous vivons mieux, nous existons.

Je suis un microcosme

Si l'éducation assure encore notre formation d'animal social, qui s'adapte au monde extérieur de plus en plus complexe car plus vaste, plus virtuel, moins concret et moins délimité (ce qui rend les frontières psychiques moins nettes), elle nous laisse assez peu outillés pour les relations interpersonnelles.

Nous faisons partie du monde. Ce qui signifie que, hormis pour nous-mêmes, donc pour *tous* les autres, nous sommes une partie du monde extérieur. Nous nous devons de nous connaître. L'idée n'est pas neuve. La conception de l'homme-microcosme se trouve déjà chez Origène : « Comprends que tu es un autre monde en petit, et qu'il y a en toi le Soleil, la Lune et aussi les étoiles. » Nous nous adaptons au monde extérieur ; nous nous devons de connaître notre position pour nous orienter par rapport à ce monde. Nous apprenons l'alphabet, le Code de la route, et tout un tas d'autres codes au fil de nos années d'études et de travail. Ces codes nous servent à entrer en lien avec les autres, à construire notre vie sociale. Pourquoi, dans cet effort constant d'adaptation, faire une exception concernant la personne avec qui nous passerons le plus de temps : nous-mêmes ? C'est terriblement cruel !

Il me semble non seulement contre-productif mais également arbitraire et injuste que l'extérieur et le collectif passent à ce point avant l'intériorité de chacun. Contre-productif : penser que le problème vient de l'autre, du hasard ou de la fatalité, c'est faire le choix de l'impuissance et de la haine. Arbitraire et injuste : vis-à-vis de cette partie du monde que chacun représente. Le collectif est composé de ces individualités. Si l'individu ne balaie pas devant sa porte, la somme de nous tous, mal différenciés et empêtrés dans nos peurs projetées sur les autres, autrement dit la société, sera à la fois médiocre et dangereuse. C'est à la fois déresponsabilisant et déprimant. Cela a donné, donne et donnera de plus en plus lieu à des horreurs et à des absurdités consternantes sur le plan collectif. Le tout dépassant l'addition de chaque partie, commençons par connaître chaque partie, nous serons moins surpris par le résultat final !

Je ne vois aucun argument scientifique, philosophique ou pragmatique valable pour reléguer la connaissance de soi loin derrière la nécessité pour l'homme de s'adapter au monde extérieur. Le monde intérieur est l'autre aspect du réel et nous sommes une partie intégrante du monde extérieur. Ce que nous sommes a un impact sur nos proches. Parce que nous vivons en famille, en couple, en société, nous avons ce devoir de balayer devant notre porte intérieure. Pour ne pas être des tyrans domestiques, des assistés, des manipulateurs. Pour ne pas être les pires ennemis de nous-mêmes aussi.

Je peux dialoguer avec moi-même

À l'ère d'Internet, des blogs, de la télé-réalité et des réseaux sociaux, il est plus urgent que jamais de restaurer ce que j'appelle

32

un « espace clos ouvert sur soi » par la médiation d'un autre qui n'est pas un proche mais qui n'est pas indifférent.

Tout ce qui agit est réel. Nous ne percevons pas le vent lui-même, mais nous voyons bouger les feuilles dans les arbres. De même, l'inconscient n'est visible que par ses manifestations, mais si nous ouvrons les oreilles une minute, il fait un bruit de fond assourdissant ! Il n'est pas indéchiffrable. Il fonctionne selon des lois bien spécifiques, comme notre organisme qui suit ses propres règles biologiques. Au nom de la rationalité, appliquons la méthode scientifique : partons de ce qui est et non de ce que nous aimerions entendre (en l'occurrence qu'il n'y a pas d'inconscient, pas de contradictions en nous-mêmes, pas de responsabilité dans les malheurs qui nous frappent, pas de traces du passé dans nos attitudes présentes, pas de séquelles, pas d'angoisses). Asseyons-nous et écoutons ce qui se passe. À nous les superpouvoirs de l'inconscient, de l'intuition, des rêves. À nous cette mine d'informations venues du dedans, à nous notre vérité inaliénable.

Soyons un peu aventuriers, commençons par nous accorder, dans le doute, que nous sommes peut-être un peu plus que notre petit moi conscient. Que nous avons une épaisseur psychique. Bien sûr que notre conscience se prend pour plus qu'elle n'est, puisqu'elle ne perçoit que ce qu'elle embrasse ! Il faut faire preuve d'une énergie monumentale pour maintenir la conviction que ce que l'on ne voit pas n'existe pas. Quelle déperdition d'énergie ! L'inconscient existe, au même titre que la mauvaise foi et la paresse. Mais persévérer dans cette voie nous rendra bornés et aveugles, ce qui fera le malheur de nos proches et nous plongera dans une grande solitude. Une telle attitude est puérile.

L'inconscient, l'émotion, les représentations mentales, la façon dont nous nous racontons les choses (positivement ou négativement, etc.), tout cela agit. Tout cela est réel. Il est bon d'être curieux de connaître aussi cette part du réel, de prendre un peu de hauteur sur la partialité du discours que nous nous tenons à nous-mêmes. La politique de l'autruche ne fait qu'entretenir notre peur sans résoudre le problème. Ce n'est pas parce qu'une chose est encore inconnue qu'elle est dangereuse. En revanche, tant que l'on refuse d'admettre un danger, on ne se donne pas les moyens de le surmonter. Ce dialogue, pour ne pas être rumination, nécessite un temps et un lieu calme où il peut, grâce à l'autre dont c'est le métier, éclore dans une mise en perspective, prendre chair.

Pour n'avoir jamais pris le temps de vraiment nous y intéresser, pour s'en être trop rabâché la même version, nous nous supposons au clair avec notre histoire, son influence, nos désirs contradictoires, nos réactions émotionnelles, nos pulsions. Nous n'avons jamais pris le temps de faire l'inventaire (non exhaustif évidemment) de notre inné. Quant à l'impact gigantesque de notre enfance et de l'acquis, il nous échappe à force de le considérer comme évident. Comme s'il allait de soi de se connaître, comme s'il y avait un mode d'emploi inné pour vivre avec soi-même. C'est vrai pour les reptiles, c'est vrai pour certains mammifères, c'est faux pour l'homme. La survie de l'espèce humaine a exigé qu'à notre cerveau reptilien et limbique (émotionnel) s'ajoute une enveloppe corticale permettant l'abstraction, la symbolisation, la logique. Pour quelle raison ? Parce que nous n'étions pas dotés d'atouts physiques suffisants pour assurer notre survie, ce qui créait une « nécessité » d'intelligence. Nier cette complexité, cette sophistication, c'est se mutiler, se prendre pour des veaux. L'admettre, c'est déjà commencer à la maîtriser et à la simplifier.

L'environnement est intérieur autant qu'extérieur. L'époque, le pays, le milieu et nos proches constituent l'environnement extérieur. Nos émotions influent sur nos pensées, qui rétroagissent sur notre ressenti, et cela détermine nos attitudes, nos propos, nos inclinations. Connaître son corps, son évolution, ses réactions, c'est comprendre ses schémas de pensées, ses choix et ses erreurs. Notre histoire, notre personnalité, nos particularités biologiques, notre sensibilité, nos besoins spécifiques sont notre « base de départ », notre point de vue, notre orientation sur le monde. Les identifier, c'est saisir la cohérence de notre vie là où il ne nous semblait y avoir que malchance, fatalité, destin. C'est reprendre la main. J'en suis là, je viens de là, je voudrais aller là. Comment ? Cela évite aussi bien la soumission passive que la mégalomanie décevante. Nous faisons le tour des contraintes, identifions nos aspirations, trions dans nos désirs ceux qui nous correspondent vraiment et ceux qui appartiennent au passé ou à une image idéalisée que nous voudrions avoir de nous-mêmes, mais qui nous conduit à l'épuisement et à la déception. Et là, nous découvrons l'immense pouvoir quotidien que nous possédons sur notre existence. Car ce ne sont pas tant les faits qui importent que le pouvoir que nous les laissons prendre sur nous. Guérir ses blessures, modifier son environnement relationnel, se dire « Oui » et dire « Non » peu à peu peut profondément transformer notre vie en quelques mois seulement. Nous découvrons alors le pouvoir de créer notre vie. Car si nous ne choisissons ni l'encre, ni le papier, ni le stylo qui nous sont fournis au départ, nous pouvons néanmoins écrire rigoureusement ce que nous voulons. Nous pouvons même réaliser un beau jour qu'il ne tient qu'à nous de choisir un autre stylo.

Pourquoi entreprendre cette démarche ?

« *Chercher le bonheur en dehors de nous, c'est comme
attendre le soleil dans une grotte orientée au nord.* »
Proverbe tibétain

Si certains d'entre nous entreprennent un travail introspectif par goût et par curiosité, la démarche est toutefois généralement déclenchée par une prise de conscience ou une nécessité, intérieure ou extérieure. Séparation, deuil, maladie physique, souffrances relationnelles, peur, addiction, dépression, violence, angoisses, somatisations… Tout dépend de chacun, de son histoire, de sa personnalité, de son âge aussi. Les problématiques importantes à 30 ans ne sont pas les mêmes qu'à 15, 50 ou 70 ans. À chaque âge de la vie correspondent des problématiques communes et des défis qui s'expriment différemment selon le contexte historique et social. Qui suis-je ? Quelle est ma place ? Qu'est-ce que je veux transmettre ? Quels schémas m'enferment ? Quels paradoxes me bloquent ?…

Je reçois des adolescents et de jeunes adultes : ils ont besoin d'un lieu où faire le tri entre héritage familial et désir propre, dans une démarche de différenciation d'avec les figures parentales autant qu'avec les modèles relayés par la société. Ils viennent parler d'angoisses ou soigner des comportements qui entravent leur évolution : addiction aux jeux, troubles alimentaires, alcool, inhibition relationnelle… Le mal-être s'exprime dans des comportements autodestructeurs qui visent en général le corps à cette période de la vie. Les jeunes adultes viennent travailler leur peur de choisir et leur peur de s'engager.

Tout ne va pas si bien que ça

Je suis frappée par le nombre croissant de jeunes femmes à peine trentenaires qui souffrent d'épuisement et de burn-out. Elles mangent mal ou très peu, n'ont plus leurs règles, perdent le plaisir de vivre qu'elles espéraient retrouver après leurs années d'études. Je travaille alors autant sur la souffrance morale et le sentiment de culpabilité, l'angoisse, la peur de l'échec, la pression éreintante qui les mènent à la dépression, que sur les rythmes corporels, la possibilité de respecter leur physiologie malgré un quotidien fait de smartphones, talons hauts, métro et stress de perdre leur place si elles ne remplissent pas leurs objectifs professionnels. Elles sont souvent tellement sous pression pour être à la fois belles, performantes et de bonne humeur, pour garder emploi et petit ami, qu'elles viennent de plus en plus nombreuses avec un sentiment de ne pas comprendre pourquoi ça ne va pas.

À 30-40 ans, les personnes consultent pour de multiples raisons, en lien avec un événement précis, une difficulté spécifique ou un mal-être général qu'elles identifient mieux ou qui devient trop gênant. Il est difficile de généraliser. Je constate combien la pratique libérale est diversifiée et combien, pour un problème en apparence identique (difficulté à avoir un enfant ou divorce par exemple), est différent ce que la personne vient chercher et travailler. Quoi qu'il en soit, à 30 ans, se libérer des schémas familiaux devient urgent car le puzzle entre féminité, vie professionnelle et éventuellement maternité se met en place. Chaque cas est différent, et mon rôle est de prendre en compte tous les paramètres : passé, présent, physiologie, émotions, aspirations profondes, blocages.

Je reçois aussi beaucoup de sexagénaires. Ils ont des défis difficiles à relever : leur propre santé, la retraite, un conjoint touché par le cancer, les enfants parfois redevenus dépendants dans un contexte de crise économique, et la prise en charge de parents atteints d'Alzheimer ou d'autres pathologies lourdes, alors qu'eux-mêmes commencent à souffrir d'arthrose et doivent retrouver leur équilibre au moment où la vie professionnelle s'arrête et où les gratifications sociales perdent parfois en intensité. La psychothérapie d'orientation analytique n'est pas déconnectée de la société dans laquelle on vit, loin s'en faut. Il s'agit d'une relation entre deux personnes dont la particularité est d'être à la fois inscrites dans leur époque (évoluant dans un climat politique, économique, culturel donné) et en retrait (en dehors des loyautés affectives comme des enjeux de réussite sociale).

Quelques facteurs déclenchants...

Une conjonction de différents facteurs déclenche généralement la prise de rendez-vous : un événement qui fait souffrir (maladie, traumatisme, séparation...) ; un symptôme ou un trouble psychologique avéré (dépression, anxiété, phobies, troubles obsessionnels compulsifs, addictions, troubles alimentaires) ; une difficulté relationnelle chronique traduisant un trouble de la personnalité (paranoïaque, obsessionnel, personnalité dépendante, inhibée, narcissique...) qui rend les rapports humains conflictuels voire impossibles ; un désir de mieux se connaître (l'histoire personnelle a besoin d'être clarifiée ou il y a trop de zones d'ombre dans la famille : suicide, inceste, abandon...). Certains se sentent coincés dans un rôle dont ils n'arrivent pas à sortir, d'autres pressentent ce qui les attend s'ils ne changent pas. D'autres encore disent leur culpabilité de faire des choix de vie au rabais et leur incapacité à en sortir tant leur confiance en eux est abîmée, ou expriment la peur de trop ressembler à leurs parents s'ils ne se remettent pas en question.

Nous avons tous à résoudre les grands conflits qui mettent en tension notre besoin d'amour et notre besoin d'être nous-mêmes, nos besoins de sécurité et de stabilité d'une part, de liberté et d'exploration d'autre part. Nous avons tous à en découdre avec le conflit entre désir d'aimer et peur de s'engager, d'être déçus ou abandonnés, entre amour et destructivité naturelle, entre désir de s'affirmer et de réussir et crainte des représailles, de l'échec ou de la jalousie. Plus de liberté, moins de repères, c'est aussi plus de choix, de nouvelles difficultés, la nécessité de se connaître puisque désormais c'est l'individu qui est aux commandes de sa vie. La place de chacun n'est plus définie par l'origine sociale, l'appartenance religieuse et le rang dans la fratrie. Nous pouvons choisir de vivre en couple ou pas, de nous marier ou non, d'être croyant ou non, d'avoir des enfants ou non, de changer de partenaire. Nous vivons plus vieux, nous nous retrouvons malades et retraités avec des parents encore vivants : la donne a changé et l'individu relève des défis difficiles, avec moins de repères familiaux ou religieux. Bref, il se trouve devant une urgence de penser et de *se penser* pour trouver le sens de l'existence et de la sienne propre. Les patients viennent me voir pour mieux se positionner dans leur existence, car comment savoir où l'on va et y parvenir sans savoir qui l'on est et d'où l'on vient ? Aujourd'hui, nous avons à faire avec la difficulté de choisir, et celle de s'engager ou non. Les anciens carcans ont disparu, mais l'éducation n'a pas suivi. Nous ne sommes pas armés pour être libres, nous sommes rarement formés par nos éducateurs (parents, école) à développer notre intuition, notre ressenti, notre esprit critique et notre confiance en nous, sans violence. L'enfant est plus souvent un être obéissant et soumis, ou un tyran, qu'un être en devenir auquel on apprend à respecter, à se respecter et à se faire respecter.

Figures du mal-être

Mes patients me parlent beaucoup de la difficulté de *vivre*. Ce ne sont pas des « dépressifs ». Ils cherchent et trouvent, en travaillant sur eux, la joie qui a disparu (qui peut-être n'a jamais été) et le sens. Ce n'est pas une affaire de femmes : je rencontre cette difficulté presque plus souvent chez des hommes. Peut-être parce que tout intérioriser de ses affects, ne pas les verbaliser, les rend hermétiques pour nous-mêmes et que cette attitude est plus souvent masculine. Il en découle un malaise interne diffus et doux auquel on s'attache tout en se détestant soi-même de plus en plus.

Je suis frappée par le dégoût de soi et l'immense déception relationnelle qu'éprouvent certains de mes patients, les plus brillants, les plus attachants parfois. Il y a souvent derrière leur idéal élevé et leur exigence vis-à-vis d'eux-mêmes une problématique de honte, qui nourrit en fait la culpabilité, la timidité, le mépris et le refoulement. De leur sensibilité en friche qu'ils ont jugée grotesque – ou que leur éducation a jugée grotesque –, faute de lui avoir trouvé un lieu de dialogue, ne reste plus qu'une vitre qui les sépare d'eux-mêmes et des autres. Ils sont comme divorcés d'eux-mêmes, ne veulent pas de relations sans intérêt et se retrouvent par conséquent à enchaîner des histoires… sans intérêt. Ils éprouvent un vide épuisant derrière le surmenage et l'hyperactivité. Oui, cela aussi, cela surtout, nous autres psychothérapeutes nous attachons à le soigner.

En réalité, la difficulté de vivre peut se manifester par la difficulté à aller à la rencontre de soi-même. Lorsque l'on a énormément souffert, en raison de faits indéniables, il est déjà difficile de le reconnaître sans se victimiser, ou avoir le sentiment de se victimiser, ou tout simplement craindre qu'évoquer ce passé ne nous rende plus vulnérable en nous donnant une image de nous-mêmes très éloignée du *winner* qu'il est de bon ton d'être de nos jours. Mais lorsque les faits n'ont pas été épouvantables en apparence (nous avons grandi dans un milieu aisé, sans être maltraités physiquement et avec des parents en bonne santé), il est encore plus difficile d'admettre que nous avons subi des violences destructrices, dans des paroles ou des attitudes parentales qui peuvent, « pour notre bien », être meurtrières. Cette « pédagogie noire », dont parle Alice Miller, sévit à toutes les générations et dans tous les milieux. Elle est peut-être plus vicieuse encore dans les milieux matériellement et socialement favorables. Car la bonne éducation, la culture et l'aisance matérielle vont former la personne à masquer totalement sa souffrance. « On ne se remet jamais vraiment d'une bonne éducation », disait une de mes patientes avec une pointe d'humour, ne parvenant pas à quitter son mari sous peine d'être heureuse, donc totalement seule dans sa famille. Alors je crois que ceux pour qui il est peut-être le plus difficile d'entreprendre la démarche sont ceux d'entre nous qui ont toujours tellement souffert en serrant les dents qu'ils sont à la fois capables de se convaincre que tout va bien quand ils souffrent un tout petit peu moins – eh oui, sur une échelle de 1 à 10, quand la souffrance passe de 10 à 7, c'est l'euphorie ! –, et en même temps incapables de percevoir véritablement leur détresse. Ils ont construit une vie avec. Pour aller à la rencontre d'eux-mêmes, il leur faut transgresser l'interdit d'être heureux, de s'intéresser à eux-mêmes, de prendre soin d'eux, ce que leurs parents toxiques n'ont évidemment jamais fait.

Alors, si une rencontre a lieu, il importe que le thérapeute puisse commencer à soulager la détresse sans chercher à changer les défenses du patient. Car une fois qu'il connecte sa souffrance, il risque de traverser pendant une période une telle douleur, des émotions tellement violentes et contradictoires, que vouloir le faire changer de défense, lui ôter d'un coup son déni, ses rationalisations, ses refoulements, c'est beaucoup trop dangereux. Quand nous avons « mal à vivre » (comme le disait une de mes patientes), quand nous avons le « mal de mère » (comme je le dis souvent), il faut qu'un témoin solide pénètre dans notre forteresse, commence à nous soulager, et ensuite seulement nous pourrons un peu baisser la garde et découvrir que la vie est pourvoyeuse de bonnes choses. Mais pas avant.

Une question d'intérêt personnel

Il va de soi de s'adapter (plus ou moins bien) au monde extérieur. La survie l'exige, dans la mesure où notre existence dépend en grande partie de notre environnement. L'éducation nous permet (plus ou moins bien) de vivre (plus ou moins bien) en société. Nous apprenons au contact de notre entourage les codes sociaux élémentaires. Nous acceptons (plus ou moins bien) de passer vingt ans sur les bancs de l'école… Il en va de même pour les exigences biologiques fondamentales de notre organisme. Je dis « fondamentales », car je crois que nous en restons souvent à un rapport très utilitariste à notre corps. Nous lui donnons juste de quoi l'entretenir, étant plus souvent dans une démarche restrictive (pas trop d'excès) que de réelle unité avec notre organisme. Nous vivons comme si nous avions un corps, une boîte animée censée « tenir » et être conforme à certains critères, en oubliant que *nous sommes un corps* ! Nous avons du mal à l'habiter, à prendre conscience de l'importance du repos, sur le triple plan physique, psychique et spirituel. La surstimulation et le bombardement d'informations sont très toxiques. Ils nous maintiennent dans une sorte de frénésie, à la périphérie de nous-mêmes, déconnectés de nos propres rythmes et de nos besoins profonds. Ils nous font perdre le fil, jusqu'à l'oublier totalement. Moitié poules sans tête, moitié esclaves, nous nous usons à maintenir un sentiment de contrôle sur une vie qui nous échappe. Le repos, le recul, la hauteur ne sont pas seulement des antidotes au burn-out. Ils sont la sagesse profonde qui permet de respirer et de demeurer acteur de sa vie, malgré les contraintes diverses, multiples et incessantes. Les grands fauves se reposent. Les sages se reposent. Je rappelle à mes

44

patients croyants que Dieu lui-même, le septième jour, a fait un break ! Connaître son corps, c'est déjà comprendre ses pensées.

Les vertus de l'optimisme

Nombre d'études démontrent que les personnes optimistes, heureuses dans leur vie affective, fabriquent plus facilement certaines hormones et ont une meilleure immunité. Les personnes enthousiastes et positives sont plus inventives et récupèrent mieux. Alors vite, courons nous libérer de ce qui nous plombe ! Peut-être n'en a-t-on pas conscience parce que l'on a toujours avancé avec ces bottes insupportables et ce sac trop lourd de déceptions. Allons poser tout cela. Nous nous sentirons beaucoup mieux avec de légères ballerines et un sac trié et en partie vidé !

Nous nous divertissons, nous fuyons, regardant en boucle flashs info et télé-réalité, mais laisse-t-on l'être respirer et s'exprimer, se poser et se reposer ? Le lieu thérapeutique offre cela, outil précieux pour ne pas passer à côté de nous-mêmes, étonnés d'aller mal, convaincus de chercher à atteindre ce que nous voulons. Et si nous nous étions trompés ? Je crois que beaucoup d'entre nous évitent cela en en appelant à l'efficacité. Pourtant, si l'on prend l'exemple des personnes les plus « performantes », notamment les sportifs de haut niveau, nous devons admettre que la véritable efficacité implique de ne pas laisser fuir notre énergie dans du stress ou de l'excitation[1].

Quels arguments, quels égarements justifient une telle discrimination ? Quelle inconséquence nous rend si peu attentifs à ce qui

---

1. Voir Richard Carlson et Joseph Bailey, *Slowing Down to the Speed of Life: How to Create a More Peaceful, Simpler Life from the Inside Out*, New York, HarperOne, 1997.

nous habite, nous fait vibrer ou nous abat, alors même que nous savons tous faire preuve d'un égocentrisme sans faille pour des choses anodines ? J'entends déjà : « De quoi se plaint-elle, les psychothérapies n'ont jamais rencontré un tel succès ? » Certes, mais dans ce grand fourre-tout de la nébuleuse psy, je veux vous parler du travail sur soi. Il ne s'agit pas de coaching. Il ne s'agit pas non plus de dérives pseudospirituelles qui refusent les règles sociales et, finalement, proposent du spirituel sans le divin – c'est-à-dire une impasse, un mensonge équivalant à vendre du Plexiglas au prix du cristal.

Régler ce qui fait obstacle

Nous pouvons vivre sans nous connaître, c'est ce que nous faisons la plupart du temps. Nous pouvons vivre en nous nourrissant mal, en dormant insuffisamment, en nous comportant de manière incohérente. Mais c'est sans doute ce qui explique qu'à l'échelle individuelle autant que collective il y ait tant de dégâts, de problèmes et de gâchis. Attendre d'aller mal ou d'être traumatisé pour s'intéresser à soi équivaut à attendre l'accident pour envisager d'emmener sa voiture chez le garagiste, ou l'AVC pour se préoccuper de sa santé. Nous ne considérons pas comme un luxe d'apprendre à compter, de se faire vacciner, de s'intéresser à l'actualité ou d'avoir une assurance. Mais nous prétendons être au volant de notre vie sans connaître ni le véhicule ni le chauffeur. C'est un peu… naïf, non ?

Ce n'est pas une question de souffrance, d'histoire passée. La seule personne avec qui nous sommes assurés de passer toute notre vie, c'est nous-mêmes. Celle qui va décider, diriger, assumer, c'est nous-mêmes. Alors autant savoir comment elle fonctionne. C'est une nécessité pratique tout autant qu'une responsabilité morale. Placés sur Terre pour quelques décennies, allons-nous vivre en roue libre et en état de demi-conscience, au fil des rencontres et des expériences, sans aucune hauteur, aucun recul, ou commencer par être attentifs à cette personne, tout autant qu'à ce et ceux que nous aimons ? Qu'est-ce que je veux être et faire de ces quelques décennies qui me sont données ? Quel est mon idéal d'homme ou de femme ? Étant ce que je suis, comment tendre vers cet idéal ? Autant de questions devant lesquelles il est bon de ne pas être toujours seuls sans pour autant être pris dans les projections de nos proches et ce qu'ils perçoivent de nous.

Se connaître n'est pas un luxe

Nous faisons partie du monde. Ce qui signifie que, hormis pour nous-mêmes, donc pour *tous* les autres, nous sommes une partie du monde extérieur. Bien se connaître n'est pas un luxe, c'est une nécessité et un devoir. Pourquoi s'intéresser à tout sauf à nous-mêmes, pourquoi batailler pour nos ambitions personnelles ou nos convictions idéologiques sans se poser pour nous demander ce qui nous meut réellement ? C'est le plus sûr moyen de devenir intolérants et de prendre nos désirs pour des impératifs catégoriques et nos pensées pour des vérités que l'humanité n'aurait pas encore tout entière découvertes… Pourquoi ou plutôt comment aimer nos proches et nous intéresser profondément à eux si nous nous ignorons nous-mêmes ? Est-ce un luxe de tenter d'être au clair avec soi-même ? Est-ce un luxe de ne plus se mentir sur ses désirs et de tolérer la frustration inhérente à la vie ? Non, ça s'appelle de l'honnêteté, de la verticalité. Ça s'appelle être debout, enraciné et souple.

Si la sagesse est un luxe, que dire des factures de smartphones et des dépenses mensuelles de pure consommation de loisirs qui, mises bout à bout, sont bien plus exorbitantes que le budget alloué aux séances de psychothérapie ? Je n'appelle pas du luxe le fait de consacrer du temps et de l'argent à exercer un droit de regard sur notre héritage psychologique. Question de civisme, d'écologie mentale, d'hygiène si j'ose dire… Il s'agit simplement de balayer devant notre porte, d'éliminer les schémas et les émotions qui nous rendent malades ou toxiques, et de nous donner les moyens que nos relations avec les autres soient de meilleure qualité, pour eux et pour nous. Nous sommes organisés pour traiter les ordures ménagères, pourquoi ne pas avoir la même démarche avec nos détritus et autres pollutions affectives ?

La psychothérapie n'est pas un luxe car se connaître est une démarche qui vise tant l'intérêt personnel (réussir sa vie affective notamment) que collectif. Prendre soin de soi, interroger ses certitudes, ne pas imaginer que ce que l'on pense est universel ou au contraire sans valeur, mais que cela a une raison d'être et influe sur son environnement, sur son humeur, rend plus fort. Plus affirmé et plus tolérant à la fois. Moins en colère que l'autre soit différent, mais aussi plus indépendant. Cela rend définitivement impossibles les relations de domination/soumission, puisque de l'espace existe alors pour soi et pour chaque autre que nous croisons, dénué d'acrimonie, de jugement systématique, et de reniement de soi. Connaître ses différences, sa singularité, c'est accepter celles des autres.

Les résistances sont légion : « Les jeux sont faits », « Il y a plus malheureux », « À quoi bon ? », « C'est compliqué ». C'est faux.

La vie est plus cruelle que compliquée en raison de sa radicalité et de sa simplicité. Nous ajoutons de la complexité pour ne pas trancher car c'est douloureux mais, au départ, le choix à faire est rarement compliqué et très souvent difficile. Rencontrer potentiellement de la colère, de la peur, de l'angoisse, du chagrin et de la haine n'est pas particulièrement réjouissant. Moi aussi, j'en ai « oublié », des séances chez mon psychanalyste. Mais ce qui n'est ni identifié ni clarifié, ou en tout cas reconnu, demeure actif de façon latente, non maîtrisée, embrume nos existences en nous faisant faire de mauvais choix : de priorités, de conjoint, d'opportunités à saisir ou à laisser passer.

Vieux conflits et grosses blessures

Les ratés sont inévitables et les manques nécessaires. Si le petit d'homme faisait une expérience sans heurt dans sa famille, l'espèce serait éteinte depuis longtemps, car rien ne le pousserait à s'en séparer ; grandir relèverait de la pure cruauté, du pur déplaisir, sans aucun avantage ! Pourquoi, dans ces conditions, affronter le monde extérieur et aller voir ailleurs, avec les risques que cela comporte ? Oui, il y a des ratés, pour que l'espèce survive et que l'être actualise son potentiel génétique.

Ces ratés, ces lacunes, ces manques sont nécessaires car ce manque-à-être est le moteur de notre croissance, de nos avancées, de nos conquêtes sur nous-mêmes et sur le monde. Nous rendant incomplets, ils nous rendent désirants, vivants, ils nous meuvent et nous motivent. C'est l'énergie de vie, ce décalage, cette déchirure continuelle dans le bien-être. Il ne s'agit pas de faire l'apologie de la blessure, mais de se consoler de n'être qu'humain, en supposant que cela doit permettre des trouvailles réjouissantes. Puisque telle est notre condition d'être humain, autant en tirer le meilleur parti. Nous pouvons refuser obstinément d'admettre cette interdépendance, ne jamais prendre de hauteur sur le travail accompli par nos parents, ne jamais remettre les choses en perspective, ne jamais nous intéresser à notre famille, refuser d'admettre le mal épouvantable qui nous a parfois été infligé, volontairement ou par simple effet papillon de la souffrance, mais nous répéterons alors, sans les identifier, des schémas destructeurs, avec des proches qui n'ont rien demandé !

Les ratés nécessaires au sens de la nécessité biologique, c'est la condition humaine : ne pas être un atome, un électron libre, mais le fruit de la rencontre entre un homme et une femme, eux-mêmes porteurs d'un héritage psychologique, historique, social, génétique, affectif. Rien que pour cela, la psychothérapie d'orientation analytique est bienfaisante : elle nous repositionne et, à partir de là, sachant d'où nous venons, acceptant que notre condition est partagée par tous les autres hommes et en même temps que notre histoire est singulière, nous nous délimitons, nous nous définissons. Prenant la mesure de nos limites, nous réalisons le pouvoir insoupçonné que nous avons sur notre existence. Nous ne sommes pas autosuffisants mais nous sommes en tant qu'êtres humains « outillés » pour établir des liens, psychiques et relationnels. Et certains liens permettent de défaire des nœuds… Car si les ratés sont inévitables, beaucoup de ratés sont néanmoins de véritables traumatismes insoupçonnés mais bien réels : cette mère qui ne sait pas encourager, qui ne sait que critiquer, souligner de façon blessante et froide le détail qu'elle juge imparfait ; ce père qui craint tellement que son fils devienne prétentieux si on lui dit qu'il est beau ou doué. Cette trajectoire brillante mutilée par un parent pervers dont il faudra des années pour comprendre que, non, il n'avait pas « raison ». Que oui, il était jaloux, possessif, manipulateur et incapable de voir son enfant comme une personne et non comme le prolongement de lui-même censé le valoriser toujours mais ne jamais lui faire d'ombre…

L'arbre ne se limite pas à ses racines mais il en dépend. Vouloir rejeter en bloc ce qui nous constitue est un leurre : nous emmènerons nos cicatrices et notre histoire au bout du monde. Pourtant nos racines familiales sont parfois si douloureuses que la survie implique de se transplanter dans un autre sol. C'est difficile et ce n'est pas miraculeux, mais cela sauve parfois la vie, comme ce fut le cas pour une de mes jeunes patientes que son père tentait d'abuser dès qu'elle se présentait chez lui… Il nous faut parfois greffe et tuteur pour survivre. Dans tous les cas, nous ne donnerons de beaux fruits que si nous sommes conscients que nos racines sont parfois malsaines et que nous travaillons à les assainir. Sans quoi nos fruits seront pourris, nos enfants névrosés et nos relations chaotiques et hasardeuses.

De même, nous pouvons regarder cela avec consternation, bouder la vie sous prétexte qu'elle n'est pas parfaite, qu'elle est injuste. Il y a souvent de quoi, mais nous pouvons aussi un jour sortir de cette bouderie, de cette plainte, comme du refus catégorique d'admettre que nous avons été blessés. Ces deux postures antinomiques se rejoignent : elles nous amputent.

Nombrilisme ou démarche responsable ?

« On ne dit pas assez que ce que l'on peut faire de mieux pour ceux qui nous aiment, c'est encore d'être heureux[1] » (Alain). La confusion est fréquente entre nombrilisme et souci de soi, entre égoïsme et égocentrisme, entre individualisme et individuation[2]. Plus nos « filtres » seront décrassés, nos blessures admises et dépassées, plus nous serons ouverts aux autres, et moins leurs attitudes nous blesseront. Connaissez-vous les « quatre accords toltèques » décrits par don Miguel Ruiz[3] :

- avoir une parole impeccable ;
- ne rien prendre personnellement ;
- ne pas faire de suppositions ;
- faire toujours de son mieux, ni plus ni moins…

Voilà, aller chez le psy, c'est devenir un guerrier toltèque. Droit, impeccable, déterminé, ni violent ni faible. Réaliser que nous attribuons d'emblée à l'autre notre « logique », nos liens de causalité « évidents », c'est précisément sortir d'un égocentrisme aveugle par manque de conscience, sortir de la projection permanente. Réaliser que l'autre ne fonctionne pas mentalement exactement comme moi-même, qu'il a ses propres liens, sa propre logique, ses propres ombres, et que ce qui va de soi pour moi ne fait peut-être

---

1. Alain, *Propos sur le bonheur*, Paris, Gallimard, 1985.
2. Pour la définition de ce terme, voir l'encadré ci-dessous.
3. Don Miguel Ruiz, *Les Quatre Accords toltèques. La voie de la liberté personnelle*, Paris, Jouvence Éditions, 2005.

pas partie de son paysage psychique, permet d'éviter nombre de malentendus, de déceptions, de blessures. Nous cessons de souffrir en nous demandant si nous sommes normaux, ou en décrétant que l'autre est « fou » ou « taré ». Plutôt que de parler de « tort » et de « raison », nous assumons avec respect la subjectivité : la nôtre et celle d'autrui. L'autre y gagne et tout le monde respire mieux.

C'est une affaire de responsabilité : n'attendons pas des autres qu'ils nous réparent, nous fassent oublier le passé ou nous prouvent que la vie peut être meilleure. Nos relations affectives ne sont pas là pour nous réparer : ça, c'est la dépendance et la déception assurées. Les relations nourrissent et contribuent au bonheur. Mais les autres ne sont pas là pour nous rendre heureux. En revanche, ils peuvent nous rendre conscients si nous acceptons de réfléchir à ce qu'ils nous renvoient.

Pas d'égocentrisme, mais du souci de soi

Celui qui est égoïste n'a pas besoin d'être égocentrique. Celui qui a réparé son narcissisme blessé et qui peut avoir un juste souci de lui et de sa vie dans sa globalité, sans en dramatiser ni en banaliser les enjeux, dans une honnêteté et un respect de sa propre sensibilité, dans une fidélité à lui-même, n'a pas besoin d'être nombriliste. S'il est malgré tout nombriliste, ce sera « librement et sans contrainte », il devra assumer ce que cela signifie moralement, assumer à la face du monde qu'il est prêt à marcher sur les autres pour parvenir à satisfaire son ego. Et, en général, c'est que son narcissisme n'est pas libéré de son histoire personnelle. CQFD !

La démarche d'individuation

L'individuation est un concept proposé par Jung pour désigner le processus par lequel un individu devient progressivement lui-même, totalement, c'est-à-dire se différencie des désirs et attentes des autres et, parallèlement, intègre et assume sa personnalité profonde et les contenus issus de l'inconscient. L'individuation est le chemin personnel qui, à l'opposé de l'instinct grégaire et du conformisme, nous permet de faire de notre vie un tout, où chaque aspect de nous-même a sa place — un tout dynamique et en évolution, distinct de l'environnement. Pour Jung, l'individuation est la réalisation de toute une vie. La réalisation de notre Soi dépend de la qualité de dialogue que nous pouvons établir entre notre Moi conscient et notre inconscient.

Celui qui est individué n'a pas besoin d'être individualiste. L'individualisme, c'est le triomphe de la peur et l'échec de l'individuation. C'est comme si nous avions essayé de sortir du moule et que nous y étions retombés. Pour que le saut aboutisse, il faut lâcher la corde[1]… La corde, ce sont nos peurs (peur de l'échec, peur de ne pas être aimés). Nous pouvons aller très loin socialement en étant totalement soumis à nos peurs qui deviennent un moteur à ambition – c'est le cas de certains politiciens et acteurs (sans cela, ils ne pourraient jamais avaler toutes ces couleuvres !). Ce qui est triste, c'est quand notre seul carburant est la peur et qu'il n'y a jamais l'énergie ample et puissante du désir, du « feu sacré ». Alors nous sommes restés des animaux, reptiles ou bêtes de somme, sans jamais accéder à notre nature humaine, êtres de désir. L'individuation commence par la reconnaissance de ses propres peurs.

---

1. Le dernier film de la trilogie de Christopher Nolan autour du personnage de Batman, *The Dark Knight Rises* (2012), l'illustre très bien.

Une véritable démarche thérapeutique est l'inverse du nombrilisme : c'est accepter d'avoir besoin de l'autre, du dialogue pour avancer. Et reconnaître que nous sommes par définition notre propre point aveugle, mais aussi notre lieu d'observation et de perception du monde. Cela demande de l'humilité, de la souplesse, de la patience et de l'ouverture. D'autre part, en découvrant les traces de l'autre en nous, la trame affective, le sillon creusé par l'effet des événements sur nous-mêmes. Enfin, en s'assumant. Libération pour nous-mêmes et nos proches, qui ne seront plus censés combler toutes nos attentes, subir nos névroses ordinaires, nos peurs, nos incohérences ! En tout cas, un peu moins, et avec la possibilité d'en rire !

Il s'agit d'un acte d'attention à l'égard de soi-même. Je ne vois aucun nombrilisme dans une démarche de santé responsable et avisée. J'y vois plutôt de la prudence et de la lucidité. Comment ne pas « partir dans le décor », comme me le demandait ce patient intellectuellement brillant, souffrant d'une addiction aux jeux vidéo et à la cocaïne, quand « la famille n'en finit pas de se casser la gueule » ? Comment rester soi-même sans avoir l'impression de trahir ses proches ou de les laisser tomber ? Comment trouver une façon d'être soi qui leur témoigne de l'affection mais pas de complaisance ? Autant de questions extrêmement sérieuses, extrêmement importantes, traduisant une véritable honnêteté morale et intellectuelle envers la vie qui nous est donnée.

À mon sens, la question n'est pas « A-t-on le droit de faire une psychothérapie ? », mais : « Regardons-nous, regardons nos vies et nos relations : peut-on se dispenser d'un travail d'assainissement intérieur ? » Sincèrement, en toute honnêteté… Ne fuyons pas nos responsabilités sous prétexte de modestie et d'abnégation. Et si une honte vous habite au point qu'il vous paraisse illégitime de prendre soin de vous, il est temps de vous pencher sur cette relation ambiguë, pour ne pas dire de rejet, avec vous-même.

Nombre de patients arrivent dans mon cabinet en me disant : « Je ne voulais pas voir de psy, je ne vois pas l'intérêt de se plaindre, c'est juste une recherche de justification, c'est nul. » Ils ont décidé de faire cette démarche parce qu'ils ont été poussés par un proche, ou parce qu'ils sont au pied du mur à l'annonce d'une maladie, ou bien encore à la suite d'un nouvel échec sentimental. Ils viennent à reculons, sans y croire, voire humiliés. Cette crainte du nombrilisme ne masque-t-elle pas un schéma où il est mal vu et culpabilisant de faire quelque chose de bon pour soi, en adulte responsable ? Peut-être vous a-t-on autorisé à vous détruire la santé avec une hygiène de vie déplorable, mais pas autorisé à écouter votre ressenti et, par là même, à faire du bien à une petite partie du monde, à vous préserver de la souffrance et à épargner le spectacle de votre mal-être à ceux qui vous aimeront comme homme ou femme, père ou mère. Il peut aussi y avoir de l'orgueil, de la mauvaise foi, une tentative de prendre la fuite, d'éviter de se pencher sur ce qui pourrait nous déstabiliser. Une peur de s'effondrer, ou le soupçon que nous en sortirons transformés, prêts à nous assumer, à connaître les limites au-delà desquelles, non, nous ne ferons plus de compromis. Le respect de soi, cela fait peur. Nous voudrions parfois tellement plaire à tout le monde, ne surtout pas être rejetés.

Il est là, peut-être, le nombrilisme. Dans cet évitement de soi par peur d'un désagrément, d'un inconfort, d'une zone de turbulences…

Mais nous ne sommes pas autosuffisants. Nous sommes par définition notre propre point aveugle. Il nous faut bien un miroir pour voir notre visage ! Cela ne nous pose aucun problème de passer des heures à chercher dans la glace ce que notre visage nous renvoie, en chassant le bouton ou la première patte d'oie, en traquant le sourcil indompté ou l'indice d'une imperfection, mais passer par le dialogue avec un autre pour saisir ses contours intérieurs serait nombriliste ? Une telle incohérence n'a que deux sources : la peur et la mauvaise foi. Nous sommes tous concernés, y compris les psys, qui peuvent aussi bien que d'autres fuir le contact avec leur monde intérieur. Nul n'est à l'abri d'un déni.

Alors non, soyons sérieux. Une psychothérapie digne de ce nom, c'est l'inverse du nombrilisme, parce que l'on va découvrir la trace de l'autre en soi. Ce n'est pas du décorticage complaisant, c'est un voyage tout à fait surprenant et ardu.

Pas de nombrilisme, mais de la pudeur et du savoir-vivre

Ne faisons pas subir à nos proches l'expression débridée de nos dénis, de nos peurs ni le tintamarre de toutes nos casseroles psychologiques : angoisse de séparation, intolérance à la frustration et autres poisons du quotidien. Lorsque nous cesserons d'attendre – inconsciemment, confusément – de notre conjoint qu'il ou elle soit à la fois le père ou la mère que nous n'avons pas eu, notre meilleur ami, notre amant, le père ou la mère de nos enfants et notre garde du corps, nous aurons peut-être une chance de ne pas aller droit dans le mur. Nous vivons dans une projection de nos désirs comme allant de soi. Cela nous rend hermétiques les uns aux autres, en même temps qu'influençables et insatisfaits.

58

Ni luxe ni nombrilisme, simple question d'hygiène : balayons devant notre porte ! Cela évitera d'être terriblement déçus, parce que nous aurons projeté nos attentes sur l'autre. Nous sommes toujours déçus à la hauteur de nos attentes. Cela ne signifie pas qu'il faille renoncer à ses désirs mais qu'il faut identifier ce qu'ils expriment d'important sur nous-mêmes. Avant de parler des autres, vérifier un peu où l'on en est soi-même. Comment envisager de changer le monde si ce n'est en commençant par notre périmètre, en connaissant qui nous sommes, l'effet que nous avons sur les autres, ce qui nous anime, ce qui nous ronge ? De même que nous connaissons nos compétences et nos points faibles professionnels, nous connaissons nos antécédents familiaux de diabète ou de cancer, donnons-nous les moyens de connaître notre positionnement dans le monde, notre héritage, nos besoins, nos peurs, nos forces qui sont potentiellement et, avec un peu d'aide, des lieux de transformation.

Ni luxe ni nombrilisme. Débarrassez-vous de ces préjugés. De deux choses l'une : soit vous donnez le meilleur de vous aux autres, auquel cas il importe que vous preniez soin de vous pour pouvoir continuer et, surtout, que vous acceptiez d'être aussi une personne qui peut bénéficier d'une petite part de ce meilleur de vous-même. Si vous voulez vraiment le meilleur pour vos proches, vous serez heureux de vous apercevoir que vous avez le pouvoir d'être moins fatigué, moins irritable, plus créatif, disponible et riche intérieurement que vous ne l'imaginiez. De toute façon, il n'y a aucune raison que seuls votre patron, votre conjoint, vos amis et vos enfants aient le meilleur de vous sans que vous en bénéficiiez aussi, histoire de partager ce meilleur de vous avec eux. Si au contraire les autres ne vous intéressent pas particulièrement ou même vous font peur, découvrir vos superpouvoirs vous permettra de réaliser que vous pouvez vous donner le meilleur tout en osant vous ouvrir et donner à autrui gratuitement, sans attente et sans complexe sans rien y perdre, bien au contraire. Si enfin ni vous ni les autres ne vous intéressent, il est temps de vous y mettre, parce que vous êtes en vie et que ce n'est pas forcément une mauvaise nouvelle.

Aller de l'avant

Bien souvent, avancer comprend une part de fuite et, finalement, avancer signifie persévérer dans le mal-être. Si nous fuyons nos angoisses, elles nous rattraperont ; si nous fuyons nos erreurs, nous les répéterons. Admettre que nous voulons changer de direction, c'est reconnaître que ce qui fonctionnait ne nous convient plus, et ce n'est pas si agréable que cela. Admettre ses erreurs, avoir l'impression d'avoir perdu du temps ou de s'être gâché dans des relations impossibles, s'apercevoir qu'il va falloir changer certaines habitudes, abandonner certaines attentes… Ce n'est pas une partie de plaisir. Alors nous trouvons des raisons fallacieuses pour ne pas changer les choses et continuer de nous plaindre !

Un travail sur soi permet d'aller de l'avant car il aide à faire des deuils, et notamment celui de la pureté, de la perfection. Il aide à accepter que vivre implique de prendre des coups, d'avoir des séquelles, de ne pas être bien tout le temps, de ne pas avoir les idées claires en permanence, de ne pas être un modèle accompli de sérénité et de sagesse, mais un être humain qui, si réfléchi soit-il, a ses zones d'immaturité et sa vulnérabilité. Un être humain qui est sans cesse bousculé par le réel. Par conséquent, travailler sur soi, c'est accepter de vivre sans avoir tout réglé, en portant des cicatrices. C'est faire le deuil de tout comprendre, tout réparer, tout réécrire. Avancer, c'est accepter qu'il y ait résiduellement de l'incompréhensible, du gâchis, du raté et surtout, surtout, du mystère. Cela permet de vivre plus en paix, sans que cette paix soit de l'inconscience ou du déni.

Une psychothérapie digne de ce nom permet d'aller de l'avant malgré les marques et les cicatrices, malgré la blessure narcissique d'être un humain limité, d'être souvent son pire ennemi, d'abriter en soi du mal, de la violence, de l'absurdité, qui ne sont pas l'apanage des autres et du monde extérieur. L'être humain est surdéterminé mais responsable ! Ni tout-puissant ni victime. Éclairons notre présent pour que l'avenir ne soit pas synonyme de répétition des mêmes déceptions, des mêmes illusions jusqu'à se perdre totalement dans son propre labyrinthe de paradoxes. Point où était arrivée une patiente qui résumait ainsi son état en commençant sa thérapie : « Je crois qu'à ne jamais écouter mes intuitions, j'ai su si bien brouiller les pistes que je suis totalement incapable de savoir aujourd'hui ce que je veux, ce qui me convient, qui je suis et ce à quoi je peux aspirer. »

Distinguer « aller de l'avant » et « fuite en avant »

La folie et l'aliénation ne seraient-elles pas plutôt dans la fuite en avant ? Comme l'écrit Matthieu Ricard, « vivant dans l'alternance de l'espoir et du doute, de l'excitation et de l'ennui, du désir et de la lassitude, il est facile de dilapider sa vie, bribe par bribe, sans même s'en apercevoir, courant en tous sens pour n'arriver nulle part. Le bonheur est un état de réalisation intérieure, non l'exaucement de désirs illimités tournés vers l'extérieur[1] ». En ce qui me concerne, je fais du travail sur moi une question de *paresse* et d'*orgueil* : c'est usant de passer sa vie à fuir son ombre ! Je n'ai aucune envie de constater dans vingt ans que j'ai raté ce qui me tenait le plus à cœur, submergée par des besoins et des désirs profonds que je n'aurais su ni décrypter ni intégrer, ou encore soumise, pour ne contrarier personne, à des schémas qui me conviennent si peu que je ne vais jamais bien. De même que courir sans préparation peut faire mal aux articulations, se fuir finit par faire mal à l'unité de son existence, à l'articulation et à la cohérence de ses jours. La vie devient surchargée, hyperactive et perd son sens et sa saveur. L'existence se désarticule et oublie sa vraie raison. Simplement parce que nous avons oublié que derrière les nuages il y a le soleil et que, au lieu de subir, nous pouvons dissiper les nuages. Nous pouvons aller chercher le soleil. Ce n'est pas mission impossible et ça ne nous détournera pas de nos autres engagements. C'est à l'intérieur, c'est en nous, c'est maintenant.

Inutile de mal vieillir, aigris, frustrés, amers d'avoir rendu un conjoint malheureux, désespérés qu'il développe un cancer, peutêtre. Inutile de tomber malades de deuils non faits, de problématiques non clarifiées, malades d'avoir renoncé à communiquer sainement avec nous-mêmes et avec nos proches, de renoncer par

---

1. Matthieu Ricard, *Plaidoyer pour le bonheur*, Paris, Nil Éditions, 2003, p. 31.

honte ou culpabilité inconsciente à ce qui nous tenait le plus à cœur. Le travail sur soi n'évite pas les épreuves, n'efface pas le passé, n'aplanit pas l'avenir et ne met pas les autres à notre diapason. Mais précisément parce que la vie n'est pas facile, fluide, évidente, parce qu'il y a de l'altérité en soi et autour de soi, le travail sur soi est un entraînement, un échauffement, un accompagnement de soi-même pour ne pas vivre en roue libre. Il permet d'aborder les épreuves plus sereinement, en restant soi-même. Il permet de déjouer de nombreux pièges, d'éviter des égarements, de faire l'économie de certains échecs.

Aller de l'avant, ce n'est pas foncer tête baissée, ce n'est pas répéter ce qui a déjà eu lieu. Or, comment savoir et choisir où aller en ignorant qui nous sommes ? Certes, cela se découvre en marchant, au fil des expériences, mais pas seulement. L'aliénation, la folie, la confusion, n'est-ce pas d'ignorer ce qui, en nous, vient de l'autre et ce qui vient véritablement de nous ? De ne plus savoir où commence le désir des autres et où finit le nôtre ? Ce qui nous fait vraiment peur et ce que nous n'osons pas même vouloir, ni rêver, convaincus que c'est impossible.

Bien sûr, tout est enchevêtré et il est illusoire de prétendre à un tri sélectif « puriste » : architecture cérébrale modelée au fil des expériences, éducation, contexte socioculturel et personnalité interagissent constamment. Raison de plus, non pour imaginer pouvoir tout clarifier, mais pour rester présent à ce « moi » vers qui convergent un flot d'influences et un flux d'héritages. Pour demeurer attentifs à ce qui, silencieusement, pourrait nous pousser vers un destin où nous demeurerions inconscients de nous-mêmes. Un regard d'archéologue permet alors de distinguer ce que l'on croit être soi et qui n'est peut-être que loyauté à des attentes (parentales ou autres) non formalisées, non verbalisées, mais présentes et agissantes.

Deuxième partie

Comment ça marche ?

*« Quand un homme a faim, mieux vaut lui apprendre
à pêcher que de lui donner un poisson. »*
Confucius

Pourquoi parler à un psy plutôt qu'à un ami ?

L'ami et le psy ont deux places et deux rôles complémentaires. On ne leur dit pas les mêmes choses et, surtout, l'effet n'est pas le même. Dans un cas, c'est l'amitié et la confiance qui incite à la parole ; dans l'autre, c'est le désir de travailler sur soi-même et de régler certaines problématiques qui amène à chercher une personne de confiance pour réaliser ce travail. Se confier et entreprendre un travail introspectif sont donc deux démarches différentes. Pourquoi parler à un psy plutôt qu'à un ami ? Parce qu'avec un ami, la parole n'est pas libre ! Je ne dis pas qu'elle n'est pas sincère ou authentique, mais elle est soumise à de multiples censures : crainte de décevoir, d'être trahi, jugé, regardé différemment… Un ami vous donnera de l'affection, des conseils, un regard certainement très utile, de la compassion, des idées, de la distance, mais pas ce que vous apportera un professionnel formé à l'accompagnement.

Une écoute qui permet de s'entendre

L'amitié est essentielle. Ne pas tout faire peser sur elle permet de la préserver. Un ami n'est pas forcément disponible pour tout accueillir, son altérité et sa sensibilité se doivent d'être ménagées, au risque d'entrer dans une relation fusionnelle dangereuse et vouée à la déception. Malgré sa bonne foi et son intelligence, il projettera ses propres filtres, ses propres névroses, l'image qu'il a de vous car il vous connaît et il n'est pas formé à l'accompagnement.

Le psychothérapeute ne peut donner son affection sans changer de rôle. Il ne peut pas être psychothérapeute et ami, ce serait un abus de pouvoir ! Vis-à-vis de chacun, les psychothérapeutes ont une place et, en matière de relations affectives, le cumul des mandats est toujours dangereux. Il conduit à la confusion des rôles et à l'indifférenciation. On ne choisit pas un ami comme psy ; et si l'on devient ami avec son psy, on doit changer de psy.

Vos amis, si intuitifs ou sensibles soient-ils, ne sont pas formés à tout entendre. Certains sujets sont trop douloureux ou délicats pour être abordés avec eux. La honte, la culpabilité, la peur de mettre l'autre mal à l'aise… Parler à un psychothérapeute, c'est s'offrir la possibilité de dire l'« inavouable » de notre histoire, de nos actes ou de nos ressentis.

Quelques définitions…

Un **psychothérapeute** pratique une ou plusieurs formes de psychothérapie : psychanalyse, psychothérapie cognitivo-comportementale, psychothérapie de groupe, psychodrame, analyse transactionnelle, etc. Cette formation spécifique à une ou plusieurs formes de psychothérapie doit s'accompagner,

•••/

\•••

depuis un décret de 2010, d'un diplôme universitaire : soit de psychiatrie (médecine avec spécialisation), soit de psychologie (master). Cette réglementation vise à limiter les risques pour le grand public de tomber sur des charlatans ou des gourous. Elle n'est pas suffisante et n'impose pas aux psychiatres de formation complémentaire pour se dire psychothérapeute, mais elle traduit la nécessité de protéger tant les praticiens que les patients de certaines dérives[1].

Le **psychologue** est titulaire d'un master de psychologie. Il n'est pas médecin, ne délivre pas de médicaments. Sa consultation est en partie remboursée par certaines mutuelles et il est formé au bilan psychologique tant cognitif que de personnalité.

Le **psychiatre** est médecin, avec une spécialisation en psychiatrie. Il n'est pas formé au bilan psychologique mais pose des diagnostics de pathologie ou de troubles de la personnalité, et peut délivrer des médicaments. Sa consultation est remboursée par la Sécurité sociale.

Ces deux dernières pratiques sont donc complémentaires.

Les proches n'ont pas nécessairement la liberté intérieure, l'aisance nécessaire avec eux-mêmes pour vous aider à assouplir vos propres zones de déni. Le professionnel formé à l'accompagnement psychologique vous évitera de tomber dans l'écueil des théories édulcorées et truffées de contre-sens servant à étiqueter les uns et les autres et à éviter un vrai dialogue ou un conflit sain. Utilisée en famille ou entre amis, la psychologie sert essentiellement à se rassurer et à renforcer les zones d'ombre ou de déni. Si intelligente soit-elle, une amie empêtrée dans ses névroses ne vous aidera pas à voir plus clair dans le brouillard de votre sentiment de culpabilité

______

1. Ce décret a été à nouveau modifié en 2012. Voir http://www.legifrance.gouv.fr/ (consulté en mars 2015).

ou de colère. Chacun son rôle. Ne demandez pas tout à vos amis, gardez les bons moments avec eux. Une patiente m'a rapporté un jour cette conversation avec son père, qui ne voyait pas l'intérêt de sa démarche. « Pourquoi ne parles-tu pas avec une bonne copine ? lui dit-il. Qu'est-ce qu'elle connaît de toi, ta psy ? Pourquoi ne pas parler à tes amis ? » Elle lui répondit : « Parce que mes amis, papa, au bout d'un moment, ça les emmerde. » Et, s'adressant à moi, elle ajouta : « Les gens ont horreur de se sentir impuissants, ils se sentent obligés de dire des banalités. Je n'ai pas envie de me mettre à pleurer chaque fois que je déjeune avec une copine. »

Les amis peuvent aider en conseillant, en compatissant, en analysant les situations, en consolant, en riant aussi. La relation amicale est réciproque et peut être pleine d'entraide et de soutien, mais elle est dévoyée si elle devient une relation soignante. Accompagner une démarche introspective implique une formation qui ne s'improvise pas. Identifier les risques encourus par un patient, avoir un rôle thérapeutique n'est pas le rôle d'un ami.

Et si mon meilleur ami est psy ?

Votre meilleur ami n'est pas à la bonne place pour vous accompagner. C'est votre meilleur ami. Vous n'êtes pas son patient. Ce qu'il vous dira sera sans doute d'autant plus percutant, tout comme un ami avocat vous donnera bien sûr des conseils très avisés, mais il n'est pas là pour explorer votre fonctionnement psychique, votre passé, votre inconscient. Une lumière trop vive aveugle au lieu d'éclairer (il est important de garder cette image en tête lorsque l'on s'adresse à des proches). Un psychothérapeute ne peut pas plus qu'un autre tout entendre quand il est en position d'ami et non de soignant.

•••/

\•••

En tant qu'ami, il est dans la réciprocité, non dans la relation d'aide. S'il a envie de faire des heures supplémentaires, recommandez-lui de s'interroger sur son syndrome du sauveur ou sur son besoin de contrôle !

Sans le cadre, la parole n'est pas thérapeutique. Le meilleur psychothérapeute du monde ne soignera jamais sa propre famille, son conjoint, ses enfants. Il les aidera en tâchant d'être un bon conjoint, un bon père, un frère disponible et franc. Mais ne pas être à sa place, c'est entretenir l'inversion ou la confusion des rôles. Un patron qui se prend pour votre père, un conjoint qui pense savoir ce qui est bon pour vous, une mère qui se confie à son enfant… Il y a assez de situations de ce genre pour ne pas en rajouter. Il pourra être un soutien essentiel, central, avec des conseils judicieux, une présence bienfaisante pour ses proches, et les aider. Le travail du psychothérapeute pourra s'en trouver facilité dans la mesure où il ne sera pas « tout » pour son patient, qui aura des ressources relationnelles, des appuis à l'extérieur. Mais aucun thérapeute ne peut soigner ses proches. JAMAIS. C'est une illusion terriblement dangereuse qui se paie de lourdes déceptions et parfois de ruptures.

Les patients réalisent rapidement combien est précieux ce rendez-vous avec soi-même, combien parler libère. Il ne s'agit pas de vider son sac ou de se justifier pour que finalement rien ne soit remis en question. Avoir un espace de parole évite un double écueil : tout intérioriser, ne pas prendre de hauteur, subir, encaisser et tomber malade. Ou tout déballer à l'entourage, tous azimuts. Pour pouvoir tout dire, dans un espace très délimité, voilà deux éléments indissociables : sans la liberté de parole, nous serions dans le refoulement et le déni de soi ; sans le cadre et les limites, nous sombrerions dans un leurre et un brouhaha de paroles qui ne seraient pas structurantes, n'apporteraient qu'un soulagement fugace et superficiel.

Drôle d'inconnu

En psychothérapie, la parole est adressée dans un cadre strictement confidentiel à une personne que l'on ne connaît pas dans le privé et qui est formée à l'écoute et au dialogue, afin que ces derniers soient le plus féconds possible. La vie privée et les problèmes du psycho-thérapeute sont mis de côté, celui-ci est centré sur son patient « ici et maintenant ». Pour cela, il est évidemment censé s'interroger en dehors des séances sur la manière dont ce qu'il est en train de vivre (difficultés conjugales, maladie…) influe sur sa manière d'écouter ses patients.

La liberté de parole est totale, elle n'est limitée que par la censure que le patient s'impose en raison de l'angoisse, de la culpabilité ou de l'émotion. Le psychothérapeute encourage la parole sans la for-cer. Il n'y aura ni enjeu de pouvoir ni manipulation, à condition qu'il s'agisse d'un professionnel respectant profondément l'éthique, qui en a compris l'importance cruciale (ce qui malheureusement ne va pas de soi). L'absence de liens – familiaux, amicaux, profes-sionnels ou mondains – évite tout conflit d'intérêts : témoin mais pas obstacle, le psychothérapeute, de par sa déontologie, sa forma-tion et son propre travail sur lui-même, peut tout écouter. Il ne se situe ni dans le jugement de valeur ni dans la pédagogie. Il ne choi-sira pas pour vous, n'exercera ni représailles ni chantage affectif. Il n'y aura, en cas de passage difficile, ni conflit d'intérêts ni rupture du lien, mais une écoute, un écho et un dialogue. Autrement dit,

74

c'est cette configuration qui permet un niveau optimal de liberté et de soutien : sans solitude ni censure.

> Anne, mariée et mère de famille, vivait une histoire d'amour avec un homme divorcé. Elle me dit : « Je ne peux en parler qu'ici, parce que ma meilleure amie le connaît. Je ne peux pas lui faire porter un tel secret, vous imaginez dans quelle gêne elle serait en le voyant ! Ma sœur, elle ne pourrait pas l'entendre, tellement elle essaie de ne pas s'avouer qu'elle est mal avec son mari. Quant à mes parents, ils me traiteraient littéralement de brebis galeuse sans même chercher à comprendre pourquoi j'ai eu besoin de cette rencontre pour devenir moi-même. »

Non seulement le fait que le psychothérapeute soit un inconnu n'est pas un obstacle, mais c'est même une condition *sine qua non* pour que la parole soit vraiment libre. Cela permet de n'être pas seul, sans pour autant, une fois le travail achevé, se sentir sous l'emprise de l'autre, de par ce qu'il a appris de nous. Une fois le « passeur » payé, nous sommes quittes. Nous avons fait l'expérience d'un lien de confiance fort dans un moment difficile, cette relation nous a transformés profondément dans notre rapport à nous-mêmes, mais nous ne sommes pas redevables, seulement reconnaissants. C'est rare ! En soi, une telle relation est une école pour instaurer des rapports plus sains avec autrui, d'adulte à adulte, sans chantage ni soumission.

L'exploration de son monde intérieur, de ses fragilités et de ses aspirations profondes suppose une confidentialité absolue, une absence de conséquences négatives. Un psychothérapeute ne sera pas blessé par un malentendu, tout pourra être repris pour que vous vous entendiez mieux avec vous-même. Il est à la fois présent et dégagé : apte à analyser ce qu'il ressent en vous écoutant et à vous en faire prendre conscience afin de vous connecter avec vos propres réponses et vos propres ressources. Pas d'imitation, pas d'influence, mais la découverte des attitudes qui vous correspondent vraiment.

Le psychothérapeute d'orientation analytique, ni naïf, ni cynique, ni indifférent, ni trop impliqué, ne risque pas, comme certains proches, de s'effondrer ou de se mettre en colère si vous traversez des difficultés, car il ne s'approprie pas vos problèmes. « C'est terrible, me disait Anne, depuis que j'ai dit à mes parents que je me posais la question du divorce, ils m'expliquent que c'est une catastrophe et que je vais détruire la famille. Pas une seule fois ils ne m'ont demandé comment j'en étais arrivée là. Un enfant qui divorce c'est une telle douleur pour eux qu'ils n'ont pas de disponibilité pour que je leur parle en adulte responsable d'une situation difficile. »

La déontologie du psychothérapeute

La démarche introspective exige que le patient puisse faire totalement confiance à celui qui l'écoute : vous devez être certain que vous ne serez pas jugé, être assuré de sa totale disponibilité. Le psychothérapeute ne vous interrompra pas pour parler de ses propres problèmes, ne fera pas de longues digressions pour exposer ses opinions ou théories au-delà de ce qui est nécessaire pour vous faire avancer. En d'autres termes, il est concentré. Cet inconnu doit respecter une déontologie (voir aussi le chapitre 9) qui garantit :

- la confidentialité ;
- la suspension de jugement ;
- la disponibilité : le thérapeute met de côté ses problèmes, il est impliqué dans son travail et réfléchit en dehors des séances à la façon dont sa vie privée peut interférer négativement avec l'aide qu'il apporte à son patient ;

•••/

\•••

- la liberté de parole : le patient peut tout dire, il n'y aura pas de représailles, de rupture, d'abandon, de chantage. Le thérapeute est formé pour vous aider à parler et à comprendre votre crainte de décevoir l'autre ou d'être jugé, crainte qui a dû se mettre en place dans des relations passées qui vous ont marqué. Le thérapeute n'a pas de conflit d'intérêts lorsque vous hésitez entre telle et telle voie, alors qu'un parent pourrait avoir « intérêt » à ce que vous choisissiez la politique plutôt que l'enseignement, ou que vous abandonniez sport, études pour reprendre l'entreprise familiale. La satisfaction ou l'ego du psychothérapeute, contrairement à celle d'un proche ne dépend pas des choix que fera son patient.

La formation et l'éthique du psychothérapeute lui permettent de se tenir hors du tourbillon passionnel des réactions épidermiques ; il ne craint pas de perdre l'amour du patient, comme deux amoureux craignent de perdre l'amour de l'autre ou un adolescent celui de ses parents. Cela permet de découvrir ce qui est vraiment bon pour nous, de nous avouer ce que nous désirons intimement : il ne sera ni choqué ni déçu. Cela ne signifie pas qu'il soit indifférent, bien au contraire. Il souhaite que nous trouvions *notre* chemin, pas celui qu'il imaginerait pour nous ou qui lui ferait plaisir !

Une équipe qui gagne

Certains patients arrivent contraints et forcés et il s'avère finalement que c'est une heureuse surprise, une belle rencontre. D'autres viennent de leur propre chef, mais sans y croire vraiment. Ils se sont sentis « acculés » après une nouvelle déception affective, ou une énième dispute avec un proche et prennent conscience qu'il y a des « dossiers » qui traînent depuis trop longtemps. Ils viennent d'abord sans conviction, puis constatent les bienfaits d'une relation qui les aide à se poser les bonnes questions, au-delà d'une recherche de solutions pratiques et ponctuelles. Mettre les problèmes particuliers en perspective en se demandant ce qu'ils disent de nous-mêmes et de quelle façon nous avons, aujourd'hui en tant qu'adultes responsables, envie de les résoudre, voilà qui élargit l'horizon.

À deux on est plus forts

Un grand nombre de patients poussent la porte de mon bureau en ayant déjà une analyse juste et approfondie de leurs difficultés. Mais ils s'aperçoivent que « Ça ne change rien » parce qu'il ne s'agit pas simplement de décorticage intellectuel. Au sein de la relation thérapeutique, la parole devient libératrice : des issues insoupçonnées nous apparaissent, et par une réaction en cascade, de petites transformations deviennent métamorphose. Identifier nos failles, nos blessures, nos attentes, nos besoins, nos illusions, nos contradictions, sans les juger, sans vouloir à tout prix en venir à bout avant 30 ans, en avoir simplement conscience, permet d'éviter bien des projections, des aveuglements et des erreurs.

Ce n'est pas seulement la méthode, mais le fait d'être deux qui permet de panser les blessures et de se penser, puis d'assumer ses paradoxes, ses zones d'ombre, d'immaturité, autant que ses forces et ses désirs. Le fait d'être libre sans être seul. Soigner l'être signifie « prendre soin » au sens large. Le psychothérapeute ou le psychanalyste n'est pas seulement dans la recherche de guérison ou de suppression d'un symptôme, face à un patient « passif ». « Soigner » n'a pas la même signification selon qu'il s'agit d'une personne souffrant

78

d'addiction, d'une femme en deuil de son mari ou d'une personnalité paranoïaque. Dans le cas d'un traumatisme, il ne s'agit pas de « guérir » une personne, tout simplement parce qu'avoir été abusé ou maltraité n'est pas une maladie. Il s'agit de réparer autant que possible ce qui a été mutilé dans la personnalité, de reconstruire l'estime de soi, de réconcilier l'être avec l'existence. Dans chaque cas, soigner prend une signification différente mais, quoi qu'il arrive, ne se résume pas à supprimer l'expression du mal-être. Tout simplement parce que souffrir n'est pas forcément pathologique alors que, inversement, de nombreux troubles de la personnalité et pathologies ne donnent lieu à aucune souffrance consciente chez la personne. Il ne s'agit pas de rééducation ou d'une pose de prothèse psychique. Le patient participe activement à sa reconstruction en développant de nouvelles défenses et en découvrant ses propres ressources.

Comment donc une relation peut-elle soigner ? En prêtant attention à ce qui s'y passe. Rien de nouveau là-dedans : les médecins de famille, les médecins de campagne le savaient déjà, à l'époque où ils disposaient de moyens techniques et diagnostics bien moins sophistiqués qu'aujourd'hui.

C'est en vivant l'expérience de la psychothérapie que nous découvrons que le processus est en lui-même déjà le résultat et que la relation est le levier de ce processus. Ma plus grande joie fut de constater, en m'absentant six mois lors d'un congé maternité, combien nos entretiens avaient germé dans l'esprit de mes patients, et comme notre coopération continuait de porter ses fruits. Ce n'est pas le psychothérapeute qui travaille, ou le patient tout seul, mais c'est de la rencontre que découlent des effets qui s'inscrivent dans le temps. Il faut certes des outils techniques et des connaissances, dans un cadre déontologique rigoureux, sans quoi rien n'est possible si ce n'est, éventuellement, un ébranlement dangereux. Une fois qu'il y a tout cela, si avec cette personne-là ça ne passe pas, peut-être faut-il changer de psychothérapeute. Il ne suffit pas de s'assurer que le « chirurgien » est bon, car précisément, ce n'est pas de la chirurgie. Sans l'active participation du patient, sa confiance et son engagement, la méthode et les connaissances théoriques du psychothérapeute seraient stériles.

Bien souvent, ce n'est pas tant la réalité que la représentation que nous en avons qui crée une impasse. Etty Hillesum[1] écrit avec pudeur et sobriété : « Le grand obstacle, c'est toujours la représentation et non la réalité. » Nos pensées créent notre réalité, les sages asiatiques le savent bien, les études sur les effets de la méditation le prouvent et chacun d'entre nous peut constater au quotidien qu'en se projetant positivement nous attirons des situations favorables. Avant une compétition, au cours d'une maladie… Si la charge anxieuse est allégée avec l'aide du psychothérapeute, la réalité devient plus souple, l'énergie se libère. Le patient découvre de nouvelles ressources, insoupçonnées.

Le psychothérapeute porte avec nous, momentanément, nos « valises ». C'est moins lourd à deux, nous gardons du souffle. Nous pouvons ainsi aller plus loin, aller « de l'avant », ne pas rester coincés dans le traumatisme, figés dans le passé, la souffrance, le chagrin, les schémas familiaux.

---

1. Etty Hillesum, *Une vie bouleversée. Journal 1941-1943*, Paris, Seuil, 1995.

Marc, la trentaine, est trader. Il se sent prisonnier de ce qu'il appelle sa « vie de con », qui lui vaut pourtant tellement de succès, tant en termes de reconnaissance sociale que d'argent ou de conquêtes féminines. Il dit qu'il est « accro » à son travail, pas parce qu'il l'aime mais parce qu'il « ne sait faire que ça » et que « là, au moins, [il] gère ». Il se compare au *golden boy* de la chanson de Thomas Dutronc[1]. Il a peur de lâcher cette vie qui comporte de nombreux avantages très gratifiants. Pourquoi renoncer à une vie que beaucoup lui envient et qu'il a obtenue au prix de tant d'efforts ? Marc sent pourtant qu'il aspire à autre chose. Je lui dis que je n'ai pas de conseil à lui vendre mais que l'on peut commencer par prendre le temps, une fois par semaine, de regarder cette vie qui est la sienne et dans laquelle il ne se reconnaît plus, ne s'épanouit plus, dont il a l'impression d'avoir fait le tour. Je sais que ce serait déjà beaucoup, pour lui, ce tout petit temps d'arrêt hebdomadaire. J'ajoute : « Je crois que vous vous sentez coincé parce que vous avez l'impression qu'il serait tout aussi destructeur de ne rien changer que de tout bouleverser. » Marc se tient un peu affalé sur sa chaise, malgré sa carrure athlétique. Il paraît fatigué et soulagé. Il répond : « C'est tout à fait ça. Je me sens coincé. Quoi que je fasse, je vais le regretter. »

Sa vie me fait penser à un costume trop étroit dont il a peur de se défaire. Il est engoncé mais il ne voudrait pas se retrouver « à poil ». Ce jour-là, je garde cette image pour moi, pour ne pas trop en dire, dès le début, mais elle me sert à me représenter comment il se sent. Les images servent de points d'appui au psychothérapeute et au patient pour cheminer et se représenter sa progression, son ascension. Nos quarante-cinq minutes hebdomadaires représentent pour lui un vrai moment de « vacance », d'« oxygène ». « Depuis que je viens, dit-il, je me remets à penser vraiment, à réfléchir plutôt qu'à ruminer tout le temps sans aboutir. Je me sens moins stressé, moins blasé et moins futile. » Il était entré sceptique dans mon

---

1. Thomas Dutronc, « N.A.S.D.A.Q. », ULM/Universal Music, 2007.

bureau : « Je ne vois pas bien ce qu'un psy peut m'apporter, à moins que je finisse un jour en burn-out, mais bon... » Il réalise que ce n'est pas tant avec les femmes qu'avec lui-même qu'il est cynique et qu'il a besoin de se donner du temps pour penser, pour que les choses aient du sens. Un jour, quelque chose va bouger, cela viendra naturellement. Je ne sais pas comment — il ne le sait pas non plus. Notre relation, empreinte à la fois de confiance et de distance, permet qu'avant de se presser de trancher la question, nous prenions le temps de la poser autrement, de regarder tous les aspects de sa vie. Pour éviter l'impasse du tout ou rien, qui nous ampute toujours, entre « J'envoie tout balader » ou « Je sers les dents parce que c'est déjà bien et que j'ai peur de tout perdre ». La psychothérapie permet de passer par tous les états, envisager toutes les issues, sans être ni seul ni incompris. Cela évite de se sentir fou, incohérent, coupable, et permet d'avancer bien plus audacieusement et bien plus vite dans sa vie.

Marc découvre une troisième voie : « Soit je reste un stéréotype du jeune cadre névrosé hyperperformant qui ne réalise son succès que quand il paie ses impôts, soit je me marginalise, j'envoie tout balader », a-t-il formulé lors de la deuxième séance. Il exprimait alors sa souffrance autant que son refus de ces deux extrêmes. Il ne veut ni refouler le mal-être et se couper de lui-même, « parce [qu'il] refuse de faire un burn-out à force de [se] sentir obligé de stresser pour des trucs qui, dans le fond, ne [l']intéressent pas du tout et dont [il n'a] rien à carrer », ni être impulsif et vivre le changement de la façon la plus brutale et la plus difficile possible. Le temps est venu d'un autre choix, non plus par adaptation, ou soumission, ou conformisme, mais par désir propre. Il le sent mais ses peurs le retiennent. Il peut les amener, il n'est pas seul avec. Il fait des liens. Avec l'obsession paternelle de l'échec qu'il exprime : « Mon grand-père est mort brutalement, laissant ma grand-mère seule avec cinq enfants. Mon père n'avait pas le droit d'échouer, il devenait chef de famille à 14 ans. Il fallait gagner de l'argent, vite. » Marc réalise la fidélité inconsciente au malheur paternel. Comme s'il devait se mettre une pression équivalente à celle que la mort tragique de son grand-père avait mise sur les épaules de son père. Et il conclut : « Le lendemain de l'enterrement de mon père, j'ai signé mon premier contrat dans la finance. »

L'histoire de Marc perdant lui aussi son père assez jeune nous montre le poids des transmissions transgénérationnelles dont nous pouvons avoir conscience sans parvenir à nous en libérer tout seul.

Notre relation permet à Marc de sentir bouger subtilement des choses qui étaient figées depuis longtemps, et cela a déjà eu pour effet que ses symptômes physiques (insomnies, problèmes digestifs, dermatologiques, migraines) disparaissent. Il y a un lieu et un lien pour résoudre cette tension psychique.

La présence du psychothérapeute, en tant que présence humaine, est à la fois attentive et pudique ; elle atténue la cruauté d'une douleur et permet de trouver des issues aux situations bloquées. Quand certaines situations tragiques ne lui permettent pas d'aider son patient directement, il est sommé d'être néanmoins indéfectiblement soutenant. Quand une patiente perd un enfant, quand un patient assiste à l'agonie de son épouse, il constitue une présence, une oreille, une attention qui importe. Porter la douleur à deux évite que celui qui la traverse ne ploie sous le poids de son chagrin. Ce n'est pas de la poésie. Je l'ai vécu avec mes patients, et ils m'ont exprimé combien cela faisait la différence. Une mère m'a ainsi dit un jour : « Grâce à notre lien, il y a eu un après la fin du monde. »

Penser et se penser pour panser les blessures

Entrer en relation avec soi-même nécessite un « détour par l'extérieur ». Nous pouvons projeter ce qui est trop lourd sur le psychothérapeute. Découvrir ses superpouvoirs, c'est aussi découvrir la possibilité de confier momentanément à un autre qui est formé pour cela les fardeaux que l'on n'arrive plus à porter. Seul, ce travail sur soi est impossible – il tourne court. Il y a des frontières que l'on ne peut franchir sans un passeur. Encore un exemple qui montre qu'à deux on est plus forts :

> Je me suis mise à me sentir très en colère chaque fois que se terminait une séance avec Léa, une patiente que je suivais depuis un an et demi et qui avait été abusée par son père quand elle était petite. Nous avions un haut niveau de confiance et d'engagement mutuel. Puis, pendant plusieurs semaines, alors qu'elle commençait tout juste à aborder sa relation avec sa mère, je remarquai qu'une vague de colère montait en moi après chacune de nos séances, tout en me sentant par ailleurs très calme, comme si ce n'était pas *ma* colère, comme si j'étais chargée de ressentir momentanément la colère qu'elle n'avait pas encore identifiée à l'égard de sa mère qui ne l'avait jamais protégée, qui n'avait rien dit et laissé faire. Cela m'indiquait que je devais souligner avec beaucoup de retenue et de délicatesse les manquements graves de sa mère, sans la brusquer, car elle était sur le point de réaliser que ses deux parents avaient été défaillants. Elle s'était construite en considérant que son père était le méchant et sa mère la gentille, faible victime d'un manipulateur. C'était donc tout son propre récit intérieur qui s'écroulait. Elle avait besoin, inconsciemment, que je sois en colère pour elle et que je lui renvoie, au compte-gouttes, des éléments de remise en question. Cela a permis que l'ordre établi bouge, sans que tout ne s'effondre. En l'aidant à porter son fardeau émotionnel et en le replaçant progressivement sur ses épaules, à un rythme tolérable pour elle, je lui ai permis d'assumer son histoire, sans la dénier ni la répéter.

Nous ne pouvons pas tout penser tout seul, par définition : nos peurs ou nos habitudes mentales constituent les points devenus aveugles sur lesquels nous avons bâti notre vie et nos objectifs. La démarche introspective consiste à s'appuyer sur le lien de confiance pour permettre les prises de conscience et les transformations. Le psychothérapeute d'orientation analytique ou le psychanalyste tient compte de ce que le patient suscite en lui (contre-transfert), et les sentiments du patient à son égard (transfert), car c'est une mine d'indices pour mieux le comprendre. Il prête attention à la manière dont le patient interprète ce qu'il dit, réagit à ses interventions. Cela donne une idée de la sensibilité et des croyances du patient, de son image de lui-même et des autres.

De l'échange et du dialogue naissent des transformations, du plaisir, du rire, de la découverte, de l'étonnement, des réponses. Se connaître tout seul est une présomption absurde. Sans miroir, avez-vous déjà réussi à percevoir votre visage ? Nous sommes le fruit d'une relation et les relations sont nécessaires à la survie autant qu'à l'épanouissement. L'altérité est dans nos veines, condition *sine qua non* de notre existence.

Transfert, mon beau transfert...

Comme son nom l'indique, ce que l'on nomme le « transfert » est le déplacement, sur la personne du psychothérapeute, de l'ensemble des sentiments que nous avons éprouvés ou que nous éprouvons à l'égard des personnes les plus importantes de notre vie affective. Le contre-transfert, en réponse au transfert, est l'ensemble des sentiments, affects, attitudes que le thérapeute éprouve à l'égard du patient. Ces sentiments permettent au psychothérapeute de mieux comprendre le fonctionnement relationnel du patient. Par exemple, avec un psychothérapeute homme, une jeune femme

•••/

\•••

transférera peut-être la peur d'être punie, disqualifiée, jugée — peur qu'elle éprouvait étant enfant devant son père. En le formulant, elle deviendra consciente de ses difficultés relationnelles et pourra faire la différence entre ce qu'elle projette (cette peur qui provient du passé) et la réalité présente (le psychothérapeute, évidemment, n'étant pas disposé à la punir ou à la juger). La prise en compte des sentiments entre patient et thérapeute — et le fait de les considérer comme une porte vers la compréhension du fonctionnement affectif du patient — constitue l'une des différences majeures entre une thérapie analytique et un autre type de psychothérapie. C'est en ne voyant plus dans ces sentiments un obstacle à l'objectivité, mais au contraire une aide précieuse à la compréhension du patient, que Freud a inventé la psychanalyse.

Un dialogue pour devenir soi

Au sein de cette relation de confiance, le dialogue permet de regarder de près comment la personne ressent et vit les choses, ce qu'elle fait, ce qu'elles lui font, ce que « ça » lui fait, d'où elle vient, ce qu'elle désire, ce qu'elle craint sans se l'avouer. Les sentiments qui surgissent à l'égard du psychothérapeute sont bien souvent révélateurs de ses attentes et de ses manques. En psychanalyse, les théories servent au psychothérapeute pour se représenter le fonctionnement de son patient, mais c'est d'abord la relation qui lui permet de soigner. Sinon rien ne se passe, ce n'est qu'un décorticage intellectuel glacial et inhumain. La plus grande richesse de l'approche psychanalytique n'est pas son apport théorique mais l'utilisation de la relation comme soin.

Oui, les psychanalystes ont fait un constat qui exigeait de l'audace et du génie autant que du bon sens : les sentiments du patient pour le psychothérapeute ne sont pas un obstacle qui vient perturber la froide analyse de la vie et de ses problèmes, mais au contraire le vif du sujet, le laboratoire qui donne à voir, encore en fusion, la lave de ce volcan qu'est l'inconscient. Cela ne veut pas dire que vous passerez vos séances à parler à votre analyste de l'effet qu'il vous fait ! Mais en ayant suffisamment confiance en lui pour lui dire : « Quand vous dites cela, j'ai l'impression que vous me jugez », « Quand vous restez à ne rien dire, je me sens rejeté », vous découvrirez quels filtres se mettent entre vous et l'autre dans la communication présente, réelle. J'ai ainsi une patiente qui, quoi que je fasse ou dise, le vit comme une agression : si je me tais, elle se sent rejetée ; si j'exprime de l'inquiétude, elle se sent condamnée, malade incurable ; si j'exprime de l'optimisme et que je souligne le chemin parcouru, elle se sent incomprise dans sa souffrance que je « minimise ». Elle n'est pas folle, elle n'est pas idiote ; elle est abîmée, paniquée. Elle a besoin de prendre conscience que ses carences la rendent hermétique à toute nouveauté, à tout souffle relationnel. Comment la relation soigne-t-elle cela ? En le lui signifiant, en en prenant conscience avec elle, avec beaucoup d'empathie et de bienveillance, car une telle prise de conscience est douloureuse. En l'aidant à comprendre d'où cela vient, mais aussi tout simplement en lui permettant de connaître autre chose, un lien « non piégé » comme elle le dit elle-même.

Au fil des semaines, quelque chose se crée, qui ne vient ni du psychothérapeute ni du patient, mais de leur relation : le patient parle et parfois lève les yeux ou s'arrête, et le psychothérapeute comprend d'un regard que son patient a lui-même entendu, interprété et compris ses propres paroles. Il est en train d'apprendre à dialoguer avec son Soi. Un « accordage » entre l'inconscient du psy-chothérapeute et celui du patient se met progressivement en place, permettant aux deux interlocuteurs que leur dialogue soit fécond. Il y a quelque chose de l'alliage, de l'alchimie, dans la psychothérapie d'orientation analytique.

Cessez de vous plaindre, écoutez-vous !

La plupart d'entre nous démarrons une psychothérapie avec une plainte, indice d'une souffrance : « Je viens parce que mon mari m'exaspère », « Personne ne me comprend ». Nous consultons d'abord pour être plus confortables, comme on prendrait un anti-hypertenseur pour continuer à manger de la charcuterie. Un bon psy nous aidera à transformer cela en désir de modérer notre consommation de charcuterie… et de nous passer de médicaments aux effets secondaires non négligeables.

Autrement dit, pour passer de la plainte à la demande, de la position de victime à celle d'acteur de sa vie, il nous faudra prendre conscience du pouvoir que nous avons de créer notre réalité, malgré tous les obstacles, dont le principal est peut-être le regard si négatif que nous portons sur nous-mêmes. C'est la signification de la plainte qui importe plus que la plainte elle-même. La plainte masque ce qui nous fait vraiment souffrir au point que nous finissons par l'ignorer nous-mêmes : ainsi cette patiente qui se plaint répétitivement d'une mère fusionnelle, au point de ne plus se rendre compte que c'est à son père absent qu'elle s'adresse – ce père qui, n'ayant pas joué son rôle d'époux, n'a jamais créé d'espace ni de limite entre la mère et la fille. Dans le présent, nous ne souffrons pas tant de ce que nous avons subi (adversité, abandon, douleurs, coups ou insultes) que de ce qui, par voie de conséquence, nous manque (sécurité, confiance, santé…).

Le psychothérapeute est un témoin qui authentifie la souffrance et permet de sortir de ses tentaculaires séquelles. Il n'est là ni pour vendre de l'apitoiement – ce qui ferait stagner le patient dans la plainte –, ni pour se faire distributeur automatique de solutions magiques – ce qui constituerait un pur déni de la singularité de chacun.

On n'est pas là que pour se plaindre

La plainte est un embryon de demande, un balbutiement. La première étape consiste à identifier les blessures, les positions, le mal qui a été fait pour déculpabiliser, sortir de la honte, nommer les places. Le psychothérapeute aide le patient à déchiffrer sa plainte. Il s'agit de reconnaître les souffrances subies sans enfermer dans la position de victime : l'étape où patient et soignant reconnaissent ensemble l'ampleur de la violence subie et les dégâts sur son être d'homme ou de femme est essentielle, mais ce n'est pas une finalité. L'enjeu est de devenir – quoi qu'il nous soit arrivé – un adulte debout qui peut donner à sa vie l'orientation qu'il souhaite. Lui redonner le droit de parler vraiment, de désirer, de se projeter, et pas simplement de se plaindre des coups, de revendiquer, d'attendre, de désespérer, de ruminer sa douleur. Lui permettre de se mettre debout, conscient de ses superpouvoirs, de sa propre valeur et de ce qu'il désire en faire.

Le psychothérapeute d'orientation analytique ne résout pas les symptômes et les problèmes coûte que coûte, il en extrait la signification, pour que la résolution soit profonde et non momentanée. Il prend de la hauteur. Il ne donne surtout pas de solutions tant qu'il n'a pas compris la place et la fonction que le problème ou le symptôme, désormais installé, remplissait dans la vie de son patient. Donner des solutions toutes faites, magiques, ce n'est pas respecter le patient et la manière dont, comme il a pu, à un moment donné, s'organiser pour se protéger de l'angoisse, de la folie, de la perte d'estime de lui-même, ou tout simplement de la douleur. Dire à une femme quittée qui s'est réfugiée dans des comportements obsessionnels et des régimes restrictifs : « Lâchez-vous, allez sur Meetic, et travaillez votre look ! », c'est vraiment se moquer du monde avec peut-être la meilleure intention qui soit. C'est demander à la personne d'être exactement ce qu'elle *n'est pas* à ce moment. Alors que, sans rien diriger, en écoutant et en accueillant, on s'aperçoit au bout de quelques semaines que la patiente en question se maquille, a changé de garde-robe et reprend goût aux dîners entre amis… Inutile de prescrire ce qui viendra tout seul, en temps voulu, une fois le patient sécurisé.

Je commence souvent par formuler des questions proposant des options, pour « tâter le terrain ». Avec une patiente épuisée, je demande : « Qu'est-ce qui vous empêcherait de vous faire aider à la maison ? », etc. Ces questions ont pour but de cerner ses résistances, car si elle n'est pas encore aidée, c'est peut-être qu'elle résiste à l'être ou qu'elle est tellement épuisée qu'elle n'a plus l'énergie de modifier les choses et qu'elle avance machinalement (c'est bien plus fréquent qu'on ne le pense chez les femmes). Ma question permet de lui faire prendre conscience que, en réalité, derrière son discours conscient « Je voudrais en faire moins », se dresse une angoisse terrible à l'idée que les choses soient mal faites et qu'on les lui reproche ensuite. Elle s'aperçoit qu'elle ne craint pas le regard des autres, mais celui qu'elle pose sur elle-même. Elle redoute de déléguer au risque de se sentir nulle et coupable si tout n'était pas fait exactement comme elle s'imagine que cela doit être pour être correct et valable. Le problème de fond, qui entretient son épuisement, ce n'est pas ce qu'elle imagine être l'attente des autres, c'est sa propre exigence tyrannique vis-à-vis d'elle-même. C'est le sentiment que si tout n'est pas parfait, cela veut dire qu'elle a échoué. Et évidemment, cela exerce sur son entourage une pression terrible et la rend indisponible émotionnellement, débordée qu'elle est par sa propre anxiété, sa propre détresse masquée sous un contrôle épuisant.

Le travail sur soi n'est pas une demande de solution immédiate mais de résolution, en amont, de ce qui engendre éternellement les mêmes difficultés. Incapacité à faire un choix, peurs inhibitrices… Résoudre cela révélera la créativité, les ressources, la singularité du patient qui, assumant sa subjectivité, vivra enfin pleinement et sera à même de résoudre les difficultés de sa vie au fur et à mesure, de façon non stéréotypée mais optimale.

Dominique, médecin brillant, était très soumis dans sa relation conjugale. Sa femme exigeait de lui qu'il s'occupe sans arrêt des enfants qu'elle avait eus d'un premier mariage et refusait catégoriquement d'entendre parler de la vie qu'il avait menée avant leur rencontre, des voyages et des passions dont il s'était nourri. Elle refusait de voir sa famille, lui avait fait couper progressivement les ponts avec ses amis de lycée et renoncer à la musique et à la photographie. Si je l'avais plaint en lui disant : « Mon pauvre, c'est vraiment terrible, il faut quitter cette vilaine femme castratrice, qui a dû beaucoup souffrir pour être aussi méchante », je ne méritais franchement pas mes honoraires. Il avait besoin que je comprenne avec lui pourquoi il se mettait dans cette position. Quelle part, dans ce scénario conjugal, revenait à sa femme, et quelle part lui revenait, autrement dit ce qu'il répétait d'une auto-destruction, d'un masochisme, d'un schéma parental ou d'une angoisse. L'analyse de son masochisme, le souvenir de terreurs lorsque son père hurlait, le désir de « prendre les coups » à la place de sa mère, tout cela, peu à peu, au fil de séances parfois houleuses, parfois sombres, parfois drôles aussi, a permis à Dominique de se réapproprier sa vie. Il n'a pas divorcé mais, puisqu'il se positionnait autrement, sa femme s'est repositionnée à son tour et a cessé de jouer son rôle de méchante marâtre. Il a pu lui poser des limites et ainsi retrouver sa propre estime et l'estime de son épouse, ce qui a modifié radicalement ses relations avec ses beaux-enfants ainsi que la sexualité de son couple. En parler à des amis qui prenaient parti ne suffisait pas. Raconter ses pires souvenirs et traverser des émotions intenses devant eux n'était pas possible et pas souhaitable.

Le psychothérapeute prend tellement au sérieux ce que dit et fait le patient qu'il n'en reste pas là, à tâcher de lui apporter des solutions consolatrices, mais il l'aide à saisir ce que cela dit de lui. En l'aidant à prendre conscience de sa demande colportée de relation en relation (pour les uns, le regard valorisant d'un père ; pour d'autres, un peu de tendresse ; pour d'autres encore, perdus au milieu d'une fratrie aussi nombreuse qu'une portée de chatons, la reconnaissance de leurs besoins spécifiques et de leur singularité propre), le psychothérapeute permet au patient de passer de la plainte répétitive et de l'insatisfaction chronique à la connaissance de soi et à la reconnaissance de ce qui le ligote : son histoire, ses relations, son image de lui-même, sa personnalité.

L'empathie n'est pas la consolation à tout prix

Le psychanalyste n'est pas un consolateur infantilisant qui donne au patient le bon père ou la bonne mère que celui-ci n'a pas eu. Ça, ce serait un gourou ou un malade qui utilise ses patients pour se sentir bon et aimant. En revanche, il s'implique émotionnellement, il peut éprouver une très profonde empathie, s'inquiéter pour ses patients, éventuellement le leur dire lorsque cela est nécessaire, c'est-à-dire que la relation est thérapeutique parce que les émotions s'expriment, se libèrent, parfois violemment, et les affects sont partagés, élaborés, puis remis à leur juste place. Cela entraîne naturellement une évolution visible et tangible pour le patient et ses proches.

Marjorie, avec qui nous avions fait un long chemin par rapport à une histoire personnelle lourde d'abus sexuels au sein de sa famille, se trouvait « coincée ». Nous avions analysé beaucoup de choses, mais elle avait peur et s'agrippait à ses comportements autodestructeurs. Ou bien était-ce ces comportements qui la maintenaient sous emprise, comme son abuseur l'avait fait durant des années ? Une séance fut déterminante : Marjorie y exprima la menace d'une terrible dépression, tout autant que l'empreinte tragique de la honte en elle : « Si j'arrête avec ça, dit-elle, si je suis normale, je vais m'effondrer. Je préfère me foutre en l'air à petit feu parce que, sinon, la dépression va être gigantesque, énorme. J'ai peur de me noyer dans ce chagrin. J'ai peur de découvrir que ce que je suis, une fois libérée de mon histoire, est nul et honteux. » Elle me dit ainsi combien, sous une apparence de « normalité exemplaire », l'intérieur d'elle était un trou noir envahi intégralement par le traumatisme. « Enlevez-moi la répétition de la maltraitance, et vous verrez qu'il ne reste rien », avait-elle dit en quelque sorte. Le traumatisme avait tout pris : son corps, sa relation avec elle-même, jusqu'à l'espoir de vivre après et que la souffrance cesse. Elle réalisa que l'énorme dépression contre laquelle elle luttait depuis toutes ces années avec pudeur et courage était liée à cette impossibilité de s'imaginer autrement que comme le traumatisme la faisait s'éprouver : nulle et minable, saccagée, ne valant rien. Un trou. Elle était un trou noir. Vide abyssal de la dépression, de l'anéantissement de son être, derrière des apparences charmantes, normales, « comme tout le monde et même un peu mieux que la moyenne ». Dès lors, sans chercher à lui « remonter le moral », j'allais pouvoir regarder avec elle sa détresse profonde, sans qu'elle se sente incomprise ou enfermée dans sa position de victime. Si le travail allait trop vite, nous ne serions pas à l'abri d'un risque suicidaire. Si je restais collée à son discours sans rien nuancer, nous n'avancerions plus.

Le professionnel peut avoir cette double entente : ne pas s'affoler et considérer en même temps que, d'une certaine manière, tout ce que dit le patient est vrai – pas forcément sur le plan conscient : une part de lui plus enfouie parle de cette menace et il faut la prendre au sérieux.

Ma patiente a accédé à une consolation, profonde, de son chagrin, parce que je n'ai pas cherché à la consoler ou à la raisonner, ni à la rassurer à toute vitesse. J'ai permis peu à peu que le chagrin sorte, je l'ai accueilli longuement, puis nous avons trouvé des raisons viscérales de reprendre confiance, d'oser s'aimer, se regarder, faire confiance. Consoler trop vite, c'est minimiser. Et certaines histoires demandent précisément à ne plus être minimisées ! Parfois, consoler un enfant dans le drame, ce n'est pas le bercer, le calmer, mais juste lui tenir la main très fort sans rien dire ou presque, et rester là aussi longtemps que nécessaire. La consolation coûte que coûte est une illusion, elle isole encore un peu plus. Il s'agit de traverser avec l'autre sa peine sans se l'approprier. La psychothérapie permet alors de découvrir son superpouvoir d'autoguérison, de renaissance. Mais cela implique de repousser une certaine pensée en vogue : aujourd'hui, souffrir est immédiatement assimilé à ce qui doit être au plus vite éradiqué, parce que c'est antinomique de la maîtrise, de la réussite, du contrôle. Souffrir est considéré comme anormal, pathologique. Or la souffrance fait partie de la vie. De la même manière qu'une douleur ou un accès de fièvre indiquent une inflammation ou un virus, nos émotions sont là pour nous servir. Leur fermer la porte au nez fait courir le risque de se complaire dans des plaintes « à côté du problème », de subir en victime sans comprendre, ou de dénier sa souffrance, autrement dit de ne jamais passer à autre chose. Dans le travail sur soi, le psychothérapeute ne cherche pas à ce que ses patients ne soient jamais déprimés. Il cherche à ce qu'ils se posent les bonnes questions et, s'ils dépriment, que ce soit enfin pour le véritable motif, et qu'ils puissent l'élaborer ! Comme le dit très justement Julia Kristeva, la psychanalyse n'est pas un anti-dépresseur à tout prix, mais plutôt un « contre-dépresseur lucide[1] ». Le psychothérapeute n'est pas là pour consoler, mais pour favoriser

---

1. Julia Kristeva, *Soleil noir. Dépression et mélancolie*, Paris, Gallimard, 1987.

l'autonomie. Cela peut passer par une période de dépendance et de régression, mais celle-ci aura pour vocation de permettre ensuite une autonomie plus solide, fondée sur des bases non destructrices.

C'est seulement en se découvrant soi-même que le sentiment de solitude et d'incompréhension cède la place à une consolation véritable, durable et profonde, et que l'on peut enfin agir et se réjouir. Quand nous avons assez exploré notre monde intérieur pour comprendre que nous sommes notre propre compagnon et notre propre ami, notre propre enfant et notre propre maître. Avec l'aide du thérapeute, le patient découvre qu'il pourra toujours être là pour lui-même, qu'il pourra toujours compter sur lui-même, pour ne pas se trahir, même dans les pires souffrances, pour ne pas violer son ressenti, pour se faire entendre, pour s'accepter. C'est cela, entre autres, tout simplement parfois, qu'apporte la présence du professionnel. Autrement dit, le psychothérapeute est plutôt un passeur. Un compagnon de route, un archéologue, qui permet d'appréhender les zones oubliées de soi, d'intégrer le vide ou la douleur et de créer un art de vivre avec soi.

L'importance de la parole

« Pourquoi la psychothérapie par la *parole* ? Le corps est-il exclu ? », me demande-t-on souvent. Les mots sont le pont entre le corps et l'esprit, autant qu'entre soi et autrui. Nous pensons avec des mots, survivons grâce au langage. Nous sommes des êtres incarnés, verbalisés et socialisés. Ce n'est pas un choix, c'est un fait. L'introspection engage donc le corps, le langage et le rapport à l'autre. Il faut être deux, il faut être là, et il faut se parler.

Parler, c'est penser ensemble. « Je comprends maintenant… », dit-on souvent en thérapie, le cadre privilégié et le calme ambiant favorisant aussi la centration sur soi et la prise de conscience. Un psychologue ou un psychanalyste nous aide à penser, à remettre en route le mouvement psychique et les idées, là où nous étions « coincés ». Par les mots, le psychothérapeute donne à son patient des clés pour comprendre ce qu'il est en train de vivre. Ce qu'il traverse n'est plus « une tuile » incompréhensible, mais une épreuve qui sollicite de sa part telle ou telle réponse, telle ou telle aptitude. Il symbolise et inscrit dès lors ce qui nous paraît tragique et sans issue dans la continuité de la condition humaine. J'aime faire le lien entre certaines épreuves vécues par mes patients et les travaux d'Hercule. Les mythes, les contes, les œuvres d'art donnent des repères – ils éclairent et soulagent. On se sent moins seuls avec ce que l'on traverse, et par la signification personnelle que prend alors ce qui n'était qu'hostilité de la vie, on devient libres de choisir comment franchir ce cap.

Des mots qui touchent pour guérir des maux qui rongent

Nous sommes des êtres de langage. Le langage est cet outil qui compense notre pauvreté de moyens physiques et notre incapacité à nous passer des autres pour survivre. Il est cette troisième voie entre autarcie ou domination pure sur les autres. Il permet en quelque sorte le commerce à la place de la guerre. Le langage est un outil pour penser et se penser, se faire comprendre. Il exprime nos affects, nos désirs, transmet nos demandes, médiatise nos pulsions, dialectise nos conflits intérieurs et relationnels. Des articulations psychiques, des liens se créent et donc une souplesse, une mobilité nécessaire au bonheur. La vie est mouvement. Sans la parole, le psychisme est tétraplégique ! Mettre des mots au plus près de sa vérité pulsionnelle et affective, nommer et dire « je » permet de se réapproprier son histoire et de se responsabiliser. L'impact corporel est immédiat : d'abord dans un état de crispation, on apprend à se détendre un peu… Après quelques froncements de sourcils, parfois des larmes, on passe au soulagement, à un sommeil qui s'améliore, à un appétit recouvré ou apaisé, à une douleur qui disparaît, à un désir sexuel renaissant.

Le destin de l'être parlant n'est-il pas de se raconter ce qui se passe, en lui et autour de lui, pour le comprendre, l'apprivoiser et y répondre ? Pour s'y adapter sans s'y confondre ni s'y perdre ? Très souvent, les patients disent, après deux ou trois entretiens : « C'est fou ce que ça me libère, je ne voyais pas ce que ça pouvait m'apporter, de simplement parler à quelqu'un d'autre qu'un ami, je ne pensais pas parler de ceci ou cela. » Être écoutés soulage, s'entendre dire certaines choses libère. Parler rend réel ce qui nous habite. Ce qui n'est pas dit est agi ou somatisé. C'est tout le problème des secrets de famille qui maintiennent le déni sur ce qui est vécu comme honteux ou inacceptable : mort d'enfant, inceste, suicide… C'est bien pour cela que l'on met tant de temps à évoquer ce qui nous effraie : « Si j'en parle, ça devient réel, je ne peux plus faire comme si ça n'existait pas. » Lorsque nous disons cela, nous sommes en train de reconnaître notre propre résistance. Mises en dialogue avec un autre dont c'est le métier, notre histoire, les déceptions relationnelles qui la jalonnent, tout cela devient une pâte tangible. Nous découvrons nos aspérités en même temps que notre consistance. Non, il ne s'agit ni de se lamenter ni de caresser ce qui nous a « égratigné » l'ego. Le dire à un psychothérapeute, c'est se donner un lieu où quelqu'un sera témoin de la façon dont nous avons vécu les choses, si surprenant que cela puisse paraître.

Le clivage corps/esprit

Un dialogue est toujours éminemment corporel : les silences, les intonations, l'émotion qui surgit, le rythme… Les neuroscientifiques ont prouvé il y a déjà longtemps que 80 % de la communication étaient non verbaux (« infraverbaux »), que la voix, le regard, le rythme de la phrase constituaient

•••/

\•••

l'essentiel du message. Contrairement à l'Orient, l'Occident est une culture de la dualité. Kant, Descartes et les Lumières ont poussé cette dualité à son paroxysme. Les mots coupés du corps sont une abstraction, le mental coupé de l'émotion tourne en rond. Ce clivage corps/esprit, reléguant le corps au rang de machine-outil priée de ne pas s'enrayer et de faire avec le minimum de soin et d'attention (je ne parle pas de l'apparence physique, qui polarise 90 % de l'attention que nous devrions peut-être accorder plutôt à notre santé), est une impasse qui nous empêche d'utiliser et de sentir pleinement notre potentiel et nos superpouvoirs. Notre corps possède assez de capteurs pour que nous sachions ce qu'il faut faire ou quels sont nos besoins réels dans la plupart des situations. Michel Odoul, fondateur de l'Institut français de shiatsu, a établi des corrélations très constructives entre les perturbations physiologiques, les caps de l'existence et leur signification symbolique. Il explique ainsi qu'à tel âge de la vie, nous nous trouvons devant une épreuve d'autonomisation et que la difficulté à franchir les obstacles peut engendrer tel ou tel type de somatisation, d'après les observations millénaires de la médecine traditionnelle chinoise qui associe chaque organe à une émotion (le poumon est en lien avec la tristesse, le rein avec la peur, le foie avec la colère, etc.). Il montre comment les blocages émotionnels perturbent la circulation d'énergie dans le corps, provoquant les dysfonctionnements et les maladies lorsque nous ne savons pas décoder et prendre en charge, à temps, les différents plans de notre être[1].

Loin d'être exclu, le corps de mes patients est présent, indispensable, tout comme le mien. Par identification ou réaction, le mien m'indique ce qu'ils ressentent. Leur posture, leur voix, leur nervosité, les douleurs ou les changements donnent chair à leur narration. Ce corps qui retrouve un cycle par exemple, depuis que j'ai

---

1. Lire Michel Odoul, *Dis-moi où tu as mal, je te dirai pourquoi* (2002) et *Dis-moi quand tu as mal, je te dirai pourquoi* (2013), Paris, Albin Michel.

interprété pour telle patiente la honte enfouie d'avoir ses règles et de ne pas être un garçon. Ou cette femme dont les fibromyalgies ont quasiment disparu depuis qu'elle dit enfin la douleur refoulée d'un amour de jeunesse interdit par sa famille.

Parler est un acte, les mots ont un pouvoir. Ils peuvent condamner ou guérir, encourager ou assommer. Il y a des paroles qui blessent, qui enferment, et des paroles qui libèrent. Pensons aux discours politiques, aux contenus médiatiques ou aux phrases blessantes échangées lors d'une dispute. Le discours intérieur que nous nous tenons à longueur de journée tricote maladie et angoisse, ou plaisir et sérénité. Si nous faisons une « pause » et que nous prenons le temps d'écouter ce bruit de fond, nous découvrons la relation que nous entretenons avec nous-mêmes, de pression permanente, de sadisme ou au contraire d'accompagnement, d'encouragement. Les mots peuvent nous auto-intoxiquer. Ce qui est vrai entre deux êtres est vrai dans le rapport à soi. La façon dont on se raconte notre histoire depuis notre adolescence nous plombe ou nous permet d'avancer.

Témoin et jamais juge, le psychothérapeute garantit par sa parole la reconnaissance de ce qui a eu lieu, de qui est son patient. Et ce ne sont pas des mots. C'est pour nous tous la condition nécessaire à notre verticalité d'homme ou de femme. Ces mots dégagent l'horizon.

Derrière un discours mille fois répété intérieurement (« J'ai analysé tout ça et pourtant rien ne change »), le psychothérapeute d'orientation analytique propose précisément autre chose : résonner plutôt que raisonner, panser les blessures pour pouvoir précisément penser plus loin. Il entend le double fond, laisse résonner en écho votre phrase pour que vous « ré-entendiez » différemment. Vous pouvez alors prendre conscience d'une peur totalement déniée, d'une profonde colère là où vous n'imaginiez ne ressentir que du chagrin ou de l'amertume…

La spécificité du dialogue thérapeutique

À la différence d'un monologue ou d'une conversation avec un proche, le dialogue que l'on établit avec le psychothérapeute est élargi et approfondi. La formation du thérapeute, la confidentialité, l'absence de liens en dehors du cadre thérapeutique, l'absence de jugement permettent au dialogue d'aller plus loin : il favorise la prise de conscience de ce que nous ressentons, de ce que nous espérons ou attendons, de ce que nous sommes, il permet d'accueillir nos émotions, de saisir la portée de nos actes, la signification de nos petites manies ou de nos angoisses, et de comprendre le sens de notre cheminement, en nous offrant la possibilité de faire des liens avec le passé. L'écho renvoyé par le thérapeute, mais aussi la confidentialité du cadre permettent d'oser s'avouer ce qui nous paraît honteux et d'être accompagnés pour affronter nos peurs. Nous pouvons donc cesser de les éviter ou de les minimiser.

Hélène est venue me voir un an après la naissance de son deuxième enfant car elle ne sortait pas d'un état d'épuisement chronique qui se transformait en dépression : la fatigue était devenue telle qu'elle ne parvenait plus à penser. Elle n'était plus que tensions non identifiées et logiciel fonctionnant « en pilotage automatique », derrière un sourire très doux et un regard plein de tendresse dès qu'elle parlait de son époux ou de ses enfants, des petits soucis et des gros problèmes d'une mère de famille. Ayant grandi entre une mère qui lui faisait porter beaucoup trop pour une petite fille, tout en ne lui mettant pas assez de limites, et un père qui réagissait à toutes les formes de difficultés autres que professionnelles par des réactions d'évitement, de fermeture et de dureté, elle avait intériorisé un double devoir d'être heureuse et « plus que parfaite ». Mission impossible, évidemment. Un tyran intérieur lui ordonnait d'avoir toujours l'air détendue et épanouie, pour mieux masquer une pression féroce, qui la harcelait sans cesse, exigeant d'elle le meilleur dans tous les domaines : couple, travail, enfants, relations sociales. « Grandi entre »... Le problème était bien là, dans la question de sa place, de son espace.

Il lui a fallu de longs mois pour comprendre que cela s'apparentait à un lourd interdit d'exister, de respirer. Hélène ne pouvait vivre qu'en comblant tous ceux qui l'entouraient dans les attentes qu'elle imaginait qu'ils avaient à son égard. Elle ne pouvait vivre qu'« entre » les besoins de chacun. Résultat : elle vivait pour un idéal imaginaire qui l'empêchait de voir les vrais besoins et les vrais désirs de ses enfants et de son mari, tels qu'ils évoluaient au fil du temps. Envie d'une maman moins nerveuse, moins épuisée par exemple. Sa dépression guérit lorsqu'elle put me dire : « Je réalise que je suis entrée dans une relation d'instrumentalisation perverse avec moi-même. » Nous parlions de son éducation, je nommais le message « marche ou crève » transmis par ses parents. Elle avait intériorisé ce « marche ou crève » et, aujourd'hui, on pouvait dire que c'était même « marche ou crève, et si possible, crève ». Il fallait qu'elle réalise qu'elle était en train de mourir à petit feu et que l'AVC ou l'accident de scooter lui pendait au nez, l'air de rien. En même temps, elle avait besoin d'une immense douceur pour ne surtout pas se sentir jugée, tant elle était en détresse. Sans nos échanges, la culpabilité d'exister « pour soi » aurait maintenu ce régime esclavagiste à l'égard de sa psyché, alors même que l'épuisement avait depuis longtemps balayé les « bénéfices secondaires » ou narcissiques d'être indispensable et reconnue comme exceptionnelle par ses proches.

Sans nos séances, Hélène n'aurait pu connecter l'envie et la force de vivre pour elle. Elle se vivait véritablement comme sans valeur. La honte et l'épuisement l'empêchaient de parler à des proches. Elle redoutait l'incompréhension, mais aussi peut-être l'expression débridée de sa colère et de son désespoir, de ses désirs enfouis depuis son plus jeune âge. Il fallait un lieu, un moment et une rencontre spécifique pour cela. Un lieu intime à l'extérieur pour qu'un jour s'intériorise un espace, un endroit où faire retour, où se demander tout simplement : « Qu'est-ce que cela me fait ? Ai-je envie de cela ? » La voix d'un autre pour qu'un dialogue intérieur soit envisageable.

Cet exemple illustre en réalité plusieurs aspects de la psychothérapie à orientation analytique :

- il faut que le psychothérapeute ne soit pas « un proche » mais bien un inconnu ;
- il ne faut pas qu'il soit dans le conseil ou la proposition de solutions ;
- il faut que des paroles permettent la verbalisation de schémas très ancrés et très destructeurs ;
- il faut que la confidentialité et la suspension de jugement soient totales pour que le patient puisse apprivoiser les échanges avec son psychothérapeute, sortir de la honte de lui-même et apprendre à s'aimer, à se respecter, à accepter sans s'effondrer d'être là où il en est, et à se faire respecter pour préserver ce travail intérieur sans que ses proches soient déstabilisés ou déstabilisants.

Qu'est-ce qu'un « bon » psychothérapeute ?

Cette question mériterait plusieurs ouvrages. Je m'en tiendrai aux conditions nécessaires et insuffisantes pour être accompagnés de façon sérieuse. Un bon psychothérapeute est respectueux de la loi de son pays. Chaque année en France, plus de 4 millions de personnes ont recours à la psychothérapie. On estime le nombre de « professionnels » qui encadrent ces patients de 6 000 à 10 000 praticiens. Jusqu'en 2010, aucun texte de loi ne réglementait strictement le recours à cette activité. Le décret du 20 mai 2010, suivi d'un deuxième décret en date du 7 mai 2012 ont clairement défini les modalités permettant d'utiliser le titre de « psychothérapeute ».

Le trio incontournable : légalité, déontologie, éthique

Un bon psychothérapeute respecte la loi et ne se décrète pas tel sans diplôme, quel que soit son génie personnel. Il applique le code de déontologie du psychologue s'il est psychologue, du médecin s'il est psychiatre. Enfin, il a une éthique professionnelle et réfléchit à sa pratique et à ses interventions. Le décret de 2010 (complété par celui de 2012) définit désormais quels sont ceux et celles qui sont en droit de se prévaloir du titre de « psychothérapeute » :

- le psychiatre, titulaire d'un bac + 10 en médecine ;
- le psychologue, titulaire d'un bac + 5 (master) dont la spécialité ou la mention est la psychologie ou la psychanalyse.

Les psychiatres ne sont pas tenus sur le plan légal d'avoir suivi de formation complémentaire dans telle ou telle école de psychothérapie. Toutefois, il existe un grand nombre de psychothérapies, chaque professionnel choisit celle qu'il veut pratiquer et peut compléter sa formation au fil des années.

En tant que médecin, le psychiatre est soumis à l'Ordre des médecins et à son code de déontologie (secret professionnel notamment). Il peut prescrire des médicaments ; ses consultations sont remboursées par la Sécurité sociale et il n'est pas tenu d'être supervisé. Les psychologues sont soumis au code de déontologie des psychologues. Ce code de déontologie concerne, entre autres, la formation universitaire, la formation continue, la supervision, la confidentialité et le travail sur soi.

Tous les psychothérapeutes sont donc censés avoir suivi une formation académique solide, reconnue par l'État – non que la formation exigée par l'État soit suffisante, mais cela signifie qu'ils sont des citoyens respectueux des lois de leur pays et qu'ils ont les connaissances élémentaires pour être dans une relation de soin psychologique.

Des qualités humaines : patience et humilité

L'exercice de cette profession implique de cultiver certaines qualités : l'empathie, l'humilité, l'attention, l'écoute, la perspicacité, la pugnacité, la patience, le courage, l'amour de son travail, et un mélange d'obstination et de lâcher prise. Le psychothérapeute doit accepter de ne pas savoir, de ne rien savoir *a priori*, même s'il a dû acquérir depuis ses études une connaissance aussi poussée que possible, une expérience et une compréhension nuancée, fine, sans cesse augmentée, de la nature humaine. Il lui faut profondément respecter la vie de l'âme, l'aimer, la célébrer, au-delà même de toute appartenance religieuse.

Un bon psychothérapeute n'oublie jamais, malgré le charisme que lui confère son rôle, sa propre fragilité. Il se souvient qu'il est boiteux, blessé, qu'il fait ce qu'il peut. Il y a toujours pour lui l'écueil de se prendre pour Prométhée et de payer pour la souffrance des autres. Mais ce qui nourrit son empathie, c'est sa propre blessure. Il peut soigner parce qu'il se soigne ! Parce qu'il est lui aussi aux prises avec ses limites. Mes patients imaginent que j'ai tout réglé, mais non, même morte, je laisserai derrière moi du bazar affectif ! Rassurez-vous, j'ai l'air très sereine, très sûre de moi, mais moi aussi je connais le doute, jusqu'à me rendre folle à force de changer d'avis huit fois pour un détail ! Il faut être en vie, aux prises avec les problèmes de la vie, pour être psychothérapeute.

Pour bien commencer avec son psy

- Un bon psy a non seulement du savoir-faire (formation et expérience), mais également du savoir-être (respect de la déontologie, empathie et délicatesse).

●●●/

\•••

- Un bon psy, qu'il pratique les thérapies brèves, familiales ou d'orientation psychanalytique, devrait avoir fait un travail introspectif suffisamment long pour se connaître suffisamment bien et ne pas ignorer les motifs de son choix professionnel. Vous pouvez parfaitement lui demander lors du premier entretien quel est son parcours, où il a travaillé, avec qui il s'est formé ou quel est son courant d'appartenance.
- Le bon psy n'existe pas « de toute éternité » : un psychothérapeute compétent et intègre peut être adéquat pour telle personne à tel moment mais pas pour telle autre ou dix ans plus tard. Il s'agit d'une relation, d'une rencontre, pas seulement de compétences, d'intelligence ou d'expérience (bien que ces facteurs soient importants).
- Un bon psy est conscient qu'il ne peut pas accompagner tout le monde tout le temps. Cela fait partie de sa compétence de savoir réorienter dès le début, de connaître ses limites et s'il y a des pathologies ou des personnalités qu'il préfère ne pas accompagner (il y en a toujours, même si cela peut changer au fil du temps). Un psy intègre saura réorienter le patient s'il sent qu'il n'est pas la meilleure personne pour lui à ce moment-là.
- Un bon psy ne pratique pas toutes les méthodes, mais connaît les diverses approches pour repérer ce dont son patient a besoin au moment où il consulte (dispositif d'entretiens en face à face, soutien psychologique, psychanalyse, thérapie familiale ou autres). Selon ses compétences, il lui proposera de travailler avec lui ou l'orientera vers un confrère susceptible de réaliser ce type de travail.
- Un bon psy reste à sa place : il sait s'effacer et ne pas entretenir la dépendance. Bref, un psy valable est honnête, intellectuellement et dans la relation. Il n'entre ni dans un jeu de séduction ni dans le copinage pendant le travail thérapeutique.
- Un bon psy ne prétend pas savoir ce qui est bon pour vous et ne vous dit pas ce que vous « devriez » ressentir.

Comment prétendre être psychothérapeute en adoptant dès le départ une attitude de « supposé savoir » ? Une attitude de « supposé savoir » risque de déposséder le patient de ses problèmes et par conséquent de toute possibilité pour lui de créer sa propre vie. C'est pourquoi ce livre sur la psychothérapie ne vous apportera jamais autant que l'expérience et la création de votre propre psychothérapie. Peut-être que les mots que vous lisez ici vous aideront à penser à vous-même, à vous poser et à trouver des clés, mais ils ne peuvent prétendre faire tout le travail. Si vous consultez pour une souffrance affective, un mauvais psy lancera un conseil du type « Allez sur Meetic » alors que c'est vous qui créerez la voie qui vous convient. Vos convictions religieuses sont peut-être aux antipodes de ce style de démarche, et ce sera alors un voyage dans le désert avec d'autres croyants, ou des soirées de musique sacrée qui vous permettra de dépasser votre peur d'aller vers autrui qui vous prive de la rencontre que vous désirez (redoutez), sans vous mettre en porte-à-faux avec vos convictions. Car, clairement, Meetic est peut-être approprié pour d'autres mais pas pour vous, dans ce cas précis. Et le psy qui vous conseillera cela ne vous aura ni écouté, ni entendu, ni accepté, ni fait confiance. Il aura plaqué quelque chose pour vous rassurer et se rassurer. Au final, vous vous sentirez soit en colère (bien légitimement), soit (pire) mal à l'aise, entre deux chaises, n'osant pas le quitter mais sentant que vous ne pouvez pas vous détendre vraiment, qu'il risque toujours de ne pas vous comprendre correctement.

Un psychothérapeute bardé de certitudes a déjà tout gâché et menti à son patient. Il est peut-être excellent conseiller, excellent coach, mais en aucun cas il n'est ce témoin qui accompagne l'autre dans sa rencontre avec soi-même. Quels dégâts quand il « balance » à un nouveau patient : « Votre mère ne vous a pas aimé » ou « Vous avez une famille de fous » ! De quel droit se dire encore psycho-thérapeute ? Il y a des vérités que le psychothérapeute ne doit pas cacher, mais qui est-il pour prétendre savoir, si vite, avec certitude, et priver l'autre de découvrir au rythme où ses défenses le lui permettent et surtout à partir de ce qu'il a ressenti lui ? Il y a le tempo, il y a le fond, et aussi la forme. La manière de dire est essentielle, c'est aussi la difficulté de ce métier. Dire trop brutalement, sans l'empathie et la délicatesse nécessaires, peut transformer ce qui était censé aider en répétition du traumatisme. C'est pourquoi les psychothérapeutes sont parfois un peu trop silencieux à votre goût ; il faut se taire pour écouter et respecter. Vous sentirez si ce silence est indifférence ou au contraire sérieux.

Ce rôle ne s'improvise pas et requiert une solide formation théorique, un travail sur soi, une capacité à former son propre caractère et à identifier et à dépasser les épreuves de la vie tout en assumant sa propre individuation. Devenir psychothérapeute suppose d'acquérir une culture plus vaste que les seuls domaines explorés dans les études. Selon moi, un bon psychothérapeute a conscience que sa formation universitaire, de médecin ou de psychologue, est très insuffisante. Accompagner des personnes nécessite évidemment des connaissances solides en psychologie, en biologie – ce qui n'est pas toujours le cas, loin s'en faut –, et le psychothérapeute risque de passer à côté de liens élémentaires entre l'état physique et l'état émotionnel du patient. Mais, au-delà, un psychothérapeute digne de ce nom devrait s'efforcer d'acquérir un savoir solide en anthropologie, en philosophie, en théologie afin de ne laisser de côté aucune dimension de l'être. J'ai failli attribuer uniquement la culpabilité d'un patient à son histoire familiale et à une pédagogie parentale dévalorisante jusqu'à ce que je réalise combien son appartenance à la culture juive donnait à la notion de culpabilité une signification différente de celle d'un catholique ou d'un athée. C'est pourquoi je pense que les études de psychologie autant que celles de médecine sont nécessaires mais très insuffisantes pour préparer les futurs professionnels à l'accompagnement psychothérapeutique.

Troisième partie

Se lancer

Oser être soi-même

Nous avons évoqué de nombreux superpouvoirs simples à activer et d'autres plus longs à aller chercher, selon l'histoire et le caractère de chacun. Se lancer dans la démarche introspective, c'est réaliser que l'on a le superpouvoir de se guérir, de se transformer, de se prendre en main. La nature humaine ne change pas mais rien ne dure indéfiniment. L'impermanence, l'imperfection et l'incertitude font partie de la vie et, en ce qui concerne la souffrance, c'est une excellente nouvelle. Oser être soi-même, c'est oser ouvrir un dialogue entre les différentes parties de soi, et être le bon parent qui tranchera les conflits dans l'intérêt général, saura choisir quand doivent prévaloir le besoin de sécurité ou le besoin de liberté, le besoin de retenue et de censure ou le désir de lâcher la bride et de se laisser aller à l'impulsion du moment. À chaque instant, être soi-même prend des formes différentes. Oser exprimer des sentiments à ses proches plutôt que rester dans son rôle professionnel dénué d'affect, même à la maison. Oser se mettre en colère plutôt que rester l'enfant sage qui ne pouvait faire de vagues sans risquer le désamour parental. Oser se taire alors que l'on veut nous arracher un avis, une confidence. Oser dire « Stop », oser partir, oser rester, oser changer d'avis, oser ne pas changer d'avis. Oser désobéir, surmonter sa peur et découvrir qu'après le désert de l'incompréhension et de la solitude, il y a un nouveau pays, de nouvelles rencontres, un nouveau départ, une nouvelle vie, sans forcément tout sacrifier de l'ancienne, sans se faire payer le prix fort.

La souffrance n'est pas une fatalité

Le superpouvoir d'être soi nécessite une petite précision lexicale : il nous faut distinguer une bonne fois pour toutes souffrance, malheur et maladie. La souffrance n'est pas une maladie, le malheur n'est jamais une fatalité, et la maladie n'est pas une honte.

De nos jours, souffrir semble pathologique ou dangereux. Ce qui est pathologique, c'est cette obsession d'être au top, sourire Colgate à la bouche, en permanence, pour séduire, impressionner et finalement être terriblement seul dans son couple ou ses relations, car il faut toujours donner le change. Or souffrir, le dire et exprimer avec vigueur des émotions n'est pas synonyme de dépression, de comportement déviant ou de trouble de la personnalité. Être soi, c'est choisir à qui et comment on le dit, mais aussi, parfois, accepter humblement que « craquer », « péter les plombs », nous a tirés d'affaire, sauvé la vie, ou fait prendre conscience qu'il y avait urgence à changer quelque chose.

Donner sans cesse le change finit par nous couper de nous-mêmes. Notre besoin humain de ne pas être rejetés, dans une société où l'image et l'apparence règnent en maîtres, nous pousse à maquiller, à bricoler coûte que coûte de peur d'être sur la touche ou délaissés. Alors nous nous identifions à nos rôles et nous pensons que nous sommes ce que nous apparaissons. Jung parle de *persona* : nous nous prenons en quelque sorte pour notre masque social. Cette phobie de la fragilité, de la souffrance, de l'imperfection est un véritable fléau. La souffrance fait partie de la vie, c'est vouloir la fuir et la nier perpétuellement qui est épuisant et sinistre ! Pleurer libère les hormones de stress et permet au contraire d'éviter qu'une souffrance ne se transforme en maladie dans le corps, en perturbant les fonctions hormonales, du fait d'une forte montée d'adrénaline par exemple. La souffrance n'est donc pas une maladie, le chagrin n'est pas la dépression, et la colère n'est pas la violence. Chaque fois que nous avons peur des émotions, nous envoyons du poison émotionnel à nos enfants. Avoir mal n'est pas mal ou pathologique. Dire que l'on a mal ne tue personne. Il s'agit simplement de constater un état avec sincérité.

Par ailleurs, la souffrance ressentie à un moment donné n'est pas fatalité à être malheureux toujours, quelles que soient les conséquences. Même détruits psychologiquement ou physiquement par notre famille, nous avons le pouvoir de nous réparer. Dans les pires des cas, il est extrêmement important de le rappeler, car le poids est si lourd qu'il semble impossible de s'en défaire. La rage d'avoir été détruits peut empêcher de voir tout ce qu'il y a à tirer de cette souffrance et toute l'énergie qu'en réalité, après le pillage, nous pouvons en tirer. Or nous avons des superpouvoirs de guérison, de croissance et de libération. La méditation permet d'inverser des processus biologiques, le yoga de réguler des sécrétions hormonales. Je ne suis ni la première ni la dernière et sûrement pas la plus experte pour dire et répéter que nous avons le pouvoir de guérir de nos souffrances, de changer radicalement de direction, d'avoir plusieurs vies en une seule et de contribuer au niveau de conscience dans le monde. Parfois, prendre soin de soi, dans les situations extrêmes, c'est juste s'allonger par terre et respirer en laissant un enfant devant un dessin animé. Mais déjà, pour une femme au bord du burn-out parce qu'elle élève seule ses enfants, c'est un acte de conscience, de soin d'elle-même, d'accueil de sa détresse et d'intelligence ; elle reste connectée à son épuisement et fait au moins ce geste d'amour pour elle-même et ses enfants, même si elle a mal de sentir qu'elle ne peut pas faire plus, qu'elle n'a personne pour les garder et aller se reposer quelques jours, pas d'argent pour se soigner. Chacun à notre niveau, selon la gravité de nos souffrances, nous pouvons commencer à utiliser progressivement le superpouvoir de la guérison.

La souffrance n'est pas une fatalité, mais elle est subie. Le malheur et le bonheur se décident et se construisent. Nous avons la possibilité de ne pas être malheureux, quel que soit notre passé et même quel que soit notre présent. On peut sourire dans l'horreur. Juste pour se donner de la force et refuser le désespoir. On peut être sur un lit d'hôpital et rêver, penser, méditer, même si la douleur attaque le cerveau. Nous avons toujours le pouvoir de trouver refuge en nous-mêmes. Nous avons le superpouvoir de nous accompagner sans cesse.

Le malheur est triste, mais il n'est pas pathologique. Nous avons le droit d'être malheureux, de le dire, de ramer pour en sortir, sans se sentir « à la ramasse », « anormal ». Je rappelle ces nuances car, de nos jours, il y a une fâcheuse tendance à assimiler souffrance et

120

anormalité, comme si le bonheur était une compétition dont le mélancolique était le grand perdant. Et si le mélancolique avait une façon bien personnelle de participer inconsciemment à la souffrance universelle ? Et si cette fâcheuse tendance n'était que la conséquence de notre peur terrible du contact avec notre propre souffrance, notre propre détresse, nos propres zones d'ombre et de folie ?

Autrement dit, la souffrance et le passé ne se décident pas. Ils ont été. Ils ne sont plus et il nous faut les désactiver. Pour ne pas vivre dans le passé. Non pas les nier. Non pas les renier. Non pas les ruminer. Non pas les cultiver (les éternels « ados rebelles » sont en réalité affreusement conservateurs !). Pensons plutôt à garder ce qui nous nourrit : le souvenir d'une grand-mère réconfortante, les leçons d'un oncle sage ou la convivialité de vacances passées chez telle cousine. Mais ce qui est encore actif en termes de séquelles ou d'« élastiques » qui nous retiennent pour sauter dans l'inconnu riche du présent, il faut le désactiver. Ce sont des poisons, qui font de nous des êtres perpétuellement en rumination du passé et en anticipation de l'avenir, donc indisponibles pour l'ici et maintenant comme possibilité de créer ce que nous voulons et de recevoir la présence d'autrui comme une richesse et un partage. Nous autres, Occidentaux, sommes des champions du grand écart entre passé et futur, d'un grand écart dont la douleur est suffisamment pénible pour nous déconnecter du présent. Or, il n'y a pas de façon plus efficace de faire mille choses, rassurez-vous, que d'être totalement dans l'instant présent, puis d'immédiatement le laisser mourir pour être dans le nouvel instant présent. Une fois qu'une graine est plantée, laissez-la pousser et plantez-en une autre, un peu d'eau et de soleil, et la vie fera son travail ! Je ne suis pas en train de plaider de façon imagée pour une natalité débridée, mais je vous invite juste à être là, présent à vous-même, ici et maintenant. La souffrance et les faits ont été, sont ce qu'ils sont, mais nous avons le pouvoir de ne pas subir perpétuellement le malheur : par exemple vous interdire de divorcer parce que votre père n'a pas pardonné à votre mère de l'avoir quitté. Libérez-vous de cette loyauté, vous n'êtes pas née pour réparer vos parents ou compenser leurs déceptions. Oubliez le fantasme d'être la femme idéale aux yeux de votre père ! S'il vous en veut, c'est son problème, c'est lui qui projette et n'a pas réglé sa souffrance. Vous empêcher d'être heureuse ne vous fera pas gagner plus d'amour de sa part, cela vous fera seulement perdre votre vie. Quand je dis que la souffrance n'est pas une fatalité, je veux dire par là que ceux qui vous aiment « à condition que » n'ont pas d'amour à vous offrir, seulement du chantage. Cela ne vaut pas la peine de faire plus longtemps des compromis avec vous-même, et de vous priver. Faites ce qui est juste pour vous, et alors vous établirez de nouvelles relations avec des êtres respectueux et aimants.

Nous pouvons décider d'être heureux

On peut être sur un lit d'hôpital, être atteint d'une grave maladie, élever seule un enfant en bas âge, être séparé de sa famille, avoir perdu ses amis ou son travail, et être assez joyeux pour décider que l'on va construire le bonheur que l'on n'a jamais eu. Regardez le grand lama Ribour Rinpoché, qui fut emprisonné en 1959 par les militaires chinois qui envahirent le Tibet. Torturé pendant une vingtaine d'années par ses bourreaux, il est plus heureux que tous les cadres hyperactifs qui viennent en consultation. Il s'est guéri d'une maladie incurable en méditant ; il s'est accepté et accueilli lui-même.

122

Si cet homme a pu le faire avec une telle souffrance passée, c'est que nous pouvons tous, êtres humains, décider, non du passé, mais du bonheur présent. L'investir, le construire, le soigner, prendre soin de son enfant intérieur, se donner ce que nul ne nous a donné. C'est dur, c'est long, et c'est pourquoi il faut l'aide d'un passeur. Mais c'est aussi à portée de main et très simple. Il faut simplement de la patience et un soutien pour les moments décourageants, perpétuellement identiques, où l'on ne voit plus le chemin parcouru. Les faits sont les faits, les mutilations ont eu lieu. Mais la façon de les vivre, ce que l'on en tire, le malheur et le bonheur se construisent. Le regard que l'on pose sur son passé et ce que l'on en fait peuvent changer à tout âge. Nous sommes blessés mais nous sommes libres de ne pas rester victimes et de nous soigner. Âme, corps, esprit, émotions. Nous ne sommes même pas obligés de haïr ceux qui ne méritent pas notre attention.

Le malheur ne nous est pas imposé

Matthieu Ricard affirme que « la première erreur consiste à penser que le malheur est inévitable parce qu'il résulte d'une volonté divine et que, de ce fait, il échappe à notre contrôle ». En effet, cette pensée est une projection sur une figure divine qui n'a pas de rapport avec la réalité du tout infini ou de Dieu, selon le nom que vous voulez lui donner, d'une culpabilité que nous avons intériorisée et qui inconsciemment nous convainc que nous n'avons ni le droit ni le pouvoir d'être bien. La deuxième erreur, explique Matthieu Ricard, consiste à croire que le malheur « n'a pas de cause identifiable, qu'il nous tombe dessus par hasard et ne dépend pas de nous. La troisième erreur relève d'un fatalisme confus qui, comme l'explique Alain, revient à penser que, quelles que soient les causes, le même effet en résultera[1] ».

---

1. Matthieu Ricard, *op. cit.*, p. 62.

Il faut déconstruire le malheur que nous entretenons. Le problème vient de la culpabilité qui nous fait préférer endurer une souffrance mentale épouvantable (se mettre la pression, se priver, se renier, prendre le moins de place possible, s'excuser d'être là, se mettre en quatre en permanence, douter de soi, ruminer, ronger son frein) et fabriquer de la souffrance, plutôt qu'identifier que nous avons été peut-être très abîmés dans notre estime de nous-mêmes, que nos schémas familiaux sont mortifères, et affronter la culpabilité de se révolter contre sa famille, d'être en conflit ou de rompre avec elle. Mais refuser la perpétuation de la souffrance est un acte de moralité si l'on veut avoir des enfants. Et tout simplement un acte de respect envers soi-même. Nul n'est contraint d'être injuste envers soi-même pour ne pas déranger la folie parentale. Car vos parents souffrent eux-mêmes d'une souffrance qui leur a été transmise, et si vous n'arrêtez pas sa transmission, elle peut durer perpétuellement. Le pouvoir des bourreaux (parents maltraitants, tortionnaires, pervers manipulateurs, etc.) continue bien après leurs actes. Regardez les victimes de la Shoah : bien après la Libération, et plusieurs générations plus tard, les nazis avaient réussi à ce qu'ils se sentent souillés et pécheurs parce qu'on leur avait demandé de torturer ou de dénoncer les leurs.

Sortir de la souffrance, c'est se rendre justice sans faire justice soi-même. La souffrance présente ne vient pas de faits passés, si graves soient-ils. Elle provient de la non-reconnaissance de ces faits, de l'impératif de se taire et de subir, et de la solitude que ceux qui nous détruisent parviennent à créer autour de nous en nous vidant de nos forces relationnelles. Ce qui crée une maladie somatique n'est

124

pas qu'une mère maltraitante vous ait empoisonnée physiquement ou détruit dans le plus intime de vous-même, ou fait douter de la réalité même de vos perceptions, mais que vous n'ayez rencontré aucun soutien pour que cela soit reconnu, et pour vous aider à vous en remettre.

Nous pensons souvent que nous ne pourrons changer les choses qu'au prix de nouvelles souffrances épuisantes, d'efforts laborieux, ou à condition de manipuler les autres et de leur marcher dessus. Autrement dit nous imaginons un coût beaucoup trop élevé qui revient à continuer dans la souffrance : en souffrant ou en faisant souffrir. Comme si c'était nécessaire ou inévitable. Mais non ! Connecter sa propre souffrance, sa propre détresse, c'est aussi découvrir que notre bonheur n'est pas forcément ce que nous imaginions. Cela ne signifie pas renoncer à toute ambition, mais au contraire se délivrer de certaines peurs et aller plus loin : d'une part, en faisant moins d'efforts ; d'autre part, en cessant de nous mentir à nous-mêmes sur ce qui nous épanouit réellement. Je ne me fais pas d'illusion sur la nature humaine et je ne vois pas un saint en chacun d'entre nous, mais je peux affirmer qu'en prenant soin de soi-même, on peut dans la plupart des cas cesser de n'attiser que superficiellement son ego au détriment d'un véritable épanouissement et d'une vie « respirable ».

Le bon moment pour commencer

Il n'y a pas d'âge pour commencer une psychothérapie. Autant bien se connaître avant de poser les choix importants de sa vie ! Il est plus difficile d'assumer ses vrais désirs une fois que l'on a épousé le clone de son père ou choisi une carrière pour « faire plaisir à maman qui n'était pas fière de papa… ». Autant le faire avant qu'il ne soit trop tard, pour garder sa vie en main et ne pas voir ses rêves effilochés se transformer en condescendance cynique, en amertume résignée ou en cancer. Réaliser un peu tard ses erreurs est plus coûteux et engendre culpabilité, amertume, rage, dont il est difficile – bien que possible – de sortir. Je reçois beaucoup de patients de 20-25 ans : chercher à bien se connaître, parler de ses angoisses à cette période de la vie est particulièrement fructueux au moment où les choix professionnels et amoureux sont engageants.

Je l'ai déjà dit, les raisons d'entreprendre une psychothérapie ne sont pas les mêmes à 20, 35 ou 60 ans. Mais je veux souligner aussi qu'il n'est jamais trop tard. En tant que psychothérapeute, je peux en témoigner : se connaître peut donner des ailes à tout âge et faire littéralement revivre des personnes coupées d'elles-mêmes. Mes patients âgés réalisent un travail très libérateur et découvrent parfois la joie de vivre alors qu'ils se pensaient « finis ». Ils viennent très souvent à l'occasion d'une maladie et il est prodigieux de constater combien certains symptômes (douleurs, troubles de mémoire) régressent à mesure qu'ils peuvent s'exprimer, se raconter, pleurer, rire. Tandis qu'ils se remettent à rêver, leurs douleurs diminuent. Leur mémoire s'améliore sans exercice particulier, leurs tremblements diminuent dans certains cas, simplement parce qu'ils développent une attention à eux-mêmes au sein d'une relation bienveillante. Il n'y a donc pas d'âge pour avoir envie d'aller mieux.

Le meilleur moment c'est le vôtre

Pourquoi attendre d'aller vraiment mal pour s'intéresser à soi ? Nous savons tous que nous préoccuper de notre santé uniquement si nous sommes cloués au lit et attendre d'avoir 40 °C de fièvre pour aller chez le médecin nous fait courir le risque – en traitant notre corps comme une machine à consommer des médicaments – de vieillir dans de piteuses conditions. De la même manière, ne pas attendre la « panne » (c'est-à-dire le désespoir, la dépression, la crise conjugale) pour faire connaissance avec soi procure liberté et confort. Arriver chez un psychothérapeute une fois que tout va à vau-l'eau, c'est bien, mais c'est un peu dommage… Certes, il n'est jamais trop tard pour se transformer radicalement mais, à 50 ans, il est tragique de constater que sa vie est un champ de ruines. Anticipez ! Les séparations et les déceptions vous feront moins mal, moins longtemps. Vous saurez même éviter les situations où elles se présenteraient à coup sûr. De la

128

même manière qu'une bonne hygiène de vie n'évite pas le cancer, une connaissance de soi approfondie n'empêche pas les épreuves mais permet d'en limiter le nombre, le coût ou les conséquences. Combien de maladies, d'« accidents », de choix catastrophiques ou de suicides ces lieux de parole et de soutien ont-ils évités ?

Il n'est jamais trop tôt et jamais trop tard pour s'intéresser à soi et partir à la découverte de son monde intérieur. Dire perpétuellement « Ce n'est pas le moment, je ne vais pas assez bien, mon esprit est encombré de détails pratiques » est une manière de repousser ce qui nous fait peur derrière une illusion de pureté et de perfectionnisme, et peut-être également une idéalisation de la psychanalyse. Or, un bon analyste ne vous proposera pas une psychanalyse si vous êtes dans une période de trop grand mal-être, mais plutôt une psychothérapie d'orientation analytique en face à face. N'est-ce pas l'actualité de votre vie qui vous fait dire : « J'attends que ça aille bien dans ma vie pour faire un travail de fond, sinon je vais parler de trucs factuels : mon boulot, mon divorce… » Votre divorce ne remet-il pas en question jusqu'à l'image que vous aviez de vous-même, de votre conception du mariage et de votre vie telle que vous l'imaginiez ? Si ce n'est pas le cas, que s'est-il passé pour que vous alliez droit dans le mur en épousant cet homme avec lequel vous saviez que vous ne seriez pas heureuse ? C'est donc que vous pensiez ne pas pouvoir trouver mieux ou que vous ne méritiez pas mieux ? Ou que vous avez minutieusement refoulé et nié vos sentiments à force d'entendre votre père vous dire qu'on ne se marie pas pour être heureux, ou votre mère vous assener que, de toute façon, ce que vous ressentez n'a rigoureusement aucune importance et qu'il faut bien se forcer un peu ? Quelle que soit la raison pour laquelle vous allez mal, il n'y a ni culpabilité ni regret à avoir, mais il est temps qu'un autre à qui vous ne devrez aucun compte vous aide à vous respecter, à vous connaître, à vous accueillir. Et cela ne va pas de soi. S'écouter passe pour du nombrilisme alors que c'est le meilleur moyen de ne pas dépendre des autres et de ne pas leur en vouloir.

Mais ne remettez pas à plus tard…

C'est maintenant que vous orientez votre vie. Les engagements pris et les contraintes ont bon dos pour remettre à plus tard. Mais si vous réalisez que votre vie vous appartient, que le temps passe, que vous n'êtes pas responsable des autres, que vous voulez peut-être que vos enfants apprennent ce que c'est qu'un adulte responsable qui assume ses choix et ne se sacrifie pas pour être à la fois victime et bourreau, alors j'entendrais moins souvent :

- *« Je suis trop vieux. »* Parce qu'il n'est jamais trop tard pour s'ouvrir à soi-même, il est peut-être temps de tendre la main à cette personne que vous avez trop souvent laissée de côté, vous-même, au nom des conventions, de l'éducation, de la peur, du manque de confiance en soi, et d'amour de vous-même. Sortez vite de votre zone de confort, il est encore temps de vivre !

- *« Je vais bien. »* Il ne faut pas attendre d'aller mal pour vous occuper de vous de façon agréable. Profitez d'aller bien pour entretenir cette force, utilisez cette disponibilité pour comprendre vos schémas familiaux et identifier vos moteurs inconscients.

- *« Je vais trop mal. »* Justement, demandez de l'aide ! Tous les psys ne sont pas de cyniques manipulateurs ou de nébuleux intellos. La relation d'aide peut faire des merveilles.

- *« Je vais très bien merci, ce sont les autres qui ont un problème. »* D'une part, il n'est pas certain que vos proches soient du même avis ; d'autre part, je me demande pourquoi vous voudriez vous éviter vous-même à tout prix. En tant que personne, vous êtes digne d'intérêt. Avant d'acheter une maison, vous visitez toutes les pièces, la construction, et vous évaluez votre budget. Il serait peut-être judicieux de connaître votre architecture mentale avant de vous investir et d'investir les situations, les emplois et les relations. Et si vraiment vous allez bien et que ce sont tous vos proches qui déraisonnent, demandez-vous pourquoi vous faites comme eux et refusez à ce point de vous intéresser à vous-même. Demandez-vous aussi pourquoi vous ne vous êtes entouré que de personnes qui ont des problèmes… Est-ce que ce sont vraiment les autres, le problème, ou le type de relations que vous établissez ? Si ce sont les autres, pourquoi ne les quittez-vous pas ?

- *« Je suis débordé »*. C'est l'argument le plus fréquent pour ne pas se poser. « Je suis débordé », me dit un patient célibataire sans enfants, une étudiante en première année d'histoire de l'art, un retraité. D'accord, mais par quoi ? Je crois que vous êtes débordé au sens où vous vous êtes mis en marche avant de savoir où vous alliez, avant de savoir pourquoi, et avant d'avoir vidé les poubelles émotionnelles. Je suis, vous êtes, nous sommes débordés. Nous nous faisons marcher ! C'est de l'intérieur que nous sommes débordés. Il est temps de s'alléger et aussi d'établir un filtre pour ne pas être pris dans l'avalanche de stimulations extérieures. Est-ce pour éviter de penser ? De se confronter à des émotions dérangeantes et débordantes ? Ou par incapacité à dire « Non » ? Ou par ego démesuré ? Ou par perfectionnisme mal canalisé ? Débordé par des choses ennuyeuses ou passionnantes ? Passionnantes ou surtout destinées à ne pas sentir que vous n'êtes pas à votre place ? « Il y a les enfants et puis ça coûte cher », « Ça ne va pas si mal »… Soit. C'est à chacun de décider.

N'oubliez jamais que vous êtes maître de votre vie : c'est *vous* qui définissez ce qui est prioritaire parmi vos contraintes, vos impondérables et votre idéal. Que voulez-vous ? Mener votre vie, qu'elle ait du sens, ou vous cantonner à additionner jusqu'au débordement vos rôles sociaux, professionnels et familiaux, sans réellement ressentir l'unité de votre existence et sa signification, mais en éprouvant de plus en plus une forme de lourdeur insipide, d'avoir perdu en route ce qui vous tenait à cœur, par faiblesse, par manque de fidélité à vous-même, sous prétexte que c'est ça être adulte ? Être adulte, c'est tolérer des frustrations, mais ce n'est pas racornir – ce serait manquer de panache, non ?

Vient un temps où se poser trop de questions est surtout une manière de ne rien faire, de ne pas prendre position. Il y a toujours de bonnes raisons de ne pas faire de travail sur soi. C'est comme avoir un enfant, ce n'est jamais le moment. On n'est jamais prêts, jamais vraiment mûrs, jamais certains de l'avenir… De la même façon, pour se mettre au travail introspectif et accoucher de soi, il faut cesser de différer, d'idéaliser l'avenir, d'espérer passivement.

Alors lancez-vous, vous verrez bien. Au pire, ce ne sera pas votre « truc », vous ne dépasserez pas vos résistances ou vous y reviendrez dix ans plus tard, qu'importe ? Le seul critère qui vaille, c'est de vous sentir libre de tout dire à celui qui vous écoute. Y compris que vous avez peur qu'il vous juge ou vous manipule. Certes, trouver la bonne personne n'est pas toujours facile. Mais n'exagérons rien, ce n'est pas impossible non plus. Il existe des professionnels compétents et parmi eux vous en rencontrerez sûrement un ou une qui vous conviendra. Écoutez votre intuition. Essayez-en plusieurs si nécessaire, car le bouche-à-oreille ne fait pas tout, d'autant que celui qui a suivi votre sœur n'a pas à vous accompagner, déontologiquement, il n'est pas censé recevoir plusieurs membres de la même famille. Référez-vous à des annuaires de sociétés psychanalytiques, vérifiez qu'il est diplômé, demandez-lui de vous expliquer comment il travaille. Et si votre radar interne s'allume (attente infinie mais pas d'excuses, commentaire blessant et prise de position au premier entretien, complicité excessive ou indifférence manifeste), fuyez ! Mais ne voyez pas le silence comme de l'indifférence. C'est de l'écoute… Vous êtes d'ailleurs invité à dire tout ce qui vous vient à l'esprit, y compris : « Ça me gêne quand vous restez silencieux » ou « Taisez-vous, je n'arrive pas à m'entendre ! » (Freud lui-même a subi ce genre de remarques de la part de ses premières patientes.)

Le temps qu'il faut, ni plus ni moins

Le monde intérieur est vaste, « plus vaste que le ciel[1] ». Le monde des émotions, de l'angoisse et des relations n'est pas plus simple à connaître qu'une langue étrangère ou l'anatomie cérébrale ! Il faut du temps pour se poser, faire taire le bruit du monde et les exigences factuelles. Toute psychothérapie demande un temps d'apprivoisement. Il faudra du temps pour construire la confiance et communiquer de manière adéquate avec le psychothérapeute. Du temps pour apprendre à s'écouter et à dialoguer avec soi. Du temps pour digérer les séances. Lever le déni est douloureux. Se hâter est pire que tout. Quitter trop vite un fonctionnement donnerait lieu à un

---

1. *Plus vaste que le ciel* est le titre d'un ouvrage de Gerald M. Edelman, prix Nobel de médecine, dans lequel il développe sa théorie du cerveau. Il s'intéresse particulièrement à la physiologie des émotions et de la subjectivité.

sentiment de perte de soi et le travail sur soi est une succession de deuils pour qu'advienne « autre chose ». Il serait horriblement déstabilisant que tout change d'un coup. N'allons pas tout chambouler du jour au lendemain.

Faire tranquillement le tour du propriétaire...

Nos résistances et notre inconscient déterminent la durée de la psychothérapie, ainsi que sa réussite ou son échec. La tendance à la répétition de schémas destructeurs ou caducs fait partie de l'être humain. Lorsque nous consultons pour un symptôme, nous pouvons être tentés d'arrêter dès qu'il disparaît. C'est même parfaitement logique lorsque nous avons entrepris un travail comportemental, centré sur la suppression d'un comportement précis ou d'une phobie particulière. Mais il ne s'agit alors que d'un temps bien délimité de travail sur soi. Réel et efficace, mais qui pourrait se prolonger pour être encore plus fécond.

L'image manque de poésie, mais j'ai tendance à penser qu'une fois la voiture dépannée, il est bon de profiter de cette panne pour approfondir sa connaissance en mécanique, en l'occurrence psychique, afin de ne pas dépendre à nouveau du secours en urgence d'un thérapeute si nous sommes aux prises avec une difficulté équivalente. Se contenter de bricoler n'apporte aucune autonomie. Il faudra « y retourner » dès qu'un problème se représentera. Sans même parler du fait que si le symptôme disparaît, c'est peut-être parce qu'il y a un lieu pour dire son mal-être « autrement ». C'est étrange d'arrêter ce qui commence à peine à nous faire du bien. Sans y passer sa vie, je crois que se contenter qu'un symptôme soit « tenu en laisse » est dangereux, plus dangereux encore que quand il est là, indéniable, nous rappelant quotidiennement que quelque chose ne va pas. Le risque est alors de se faire une queue de poisson à soi-même et de ne pas s'intéresser à ce que cela trahissait comme malaise ou comme conflit. Le symptôme risque de ressurgir d'une façon plus brutale et plus inattendue, avec une grande blessure dans l'estime de soi, à la première secousse émotionnelle. Enfouir l'origine du mal-être derrière une apparente normalité de nos comportements est coûteux et dangereux, et ne peut être qu'une solution de très courte durée.

Il est tentant de s'arrêter une fois repéré ce qui n'allait pas. Nous pensons qu'ayant analysé les problèmes, tout va bien aller. C'est une fuite devant la montée des émotions, or seule la libération de ces émotions permettra que les schémas cessent de se reproduire. L'analyse seule ne suffira pas, les problèmes reviendront, de façon déplacée ou déguisée, mais ils reviendront car la cause première n'aura pas été « nettoyée ». Je dis parfois à mes patients : « Vous n'êtes pas obligé de vous arrêter à peine le fardeau identifié. Ce n'est pas rien ce que vous avez découvert. On peut le porter ensemble pendant un moment, le temps de l'alléger. » Dans cette montagne à escalader, le psychothérapeute est là aussi pour la partie plus ardue. C'est un compagnon de route, un guide qui ne vous évitera pas les courbatures mais vous désigne certains dangers. Il essaie de dessiner une piste à travers les parois rocheuses de vos résistances. Voilà pourquoi il est impossible de prédire la durée de la thérapie. Un être humain n'est pas livré avec un mode d'emploi, et le tour du propriétaire ne se fait pas en quinze jours !

Arrêter précipitamment correspond à une peur de devenir dépendant. Travailler cette question de la dépendance est crucial, ce n'est pas le moment de fuir, car tout être humain passe sa vie à la résoudre. Entre symbiose et autarcie, entre soumission et évitement de la relation, trouver la juste distance à l'autre demande du temps, de la réflexion et des ajustements. À l'heure du « tout, tout de suite, sinon c'est un échec », cela s'avère très difficile. Difficile de persévérer sans être tenté de zapper. Et, à l'inverse, difficile une fois le travail bien amorcé de supporter d'attendre la prochaine séance, de ne pas pouvoir tout dire en une seule fois, tout régler d'un coup, supporter le temps entre compréhension et transformation. C'est dur aussi pour le psychothérapeute, qui a envie de voir son patient soulagé !

… sans y passer sa vie !

Et pourtant… si le travail sur soi n'est jamais fini, la psychothérapie n'a pas besoin de durer quinze ans[1]. Entre tout et rien, la voie du milieu, le temps qu'il vous faudra est le bon. Et nul ne peut le prédire. La psychothérapie d'orientation analytique est un outil majeur du travail sur soi, mais elle doit avoir un début et une fin. Le travail sur soi est l'affaire de toute une vie. Il évoluera en un dialogue intérieur et à travers d'autres manifestations : artistiques, relationnelles, spirituelles… Car, pour ne pas devenir rumination et monologue, le travail sur soi implique une ouverture au monde et aux autres. Le

---

1. Initialement, la psychanalyse était une méthode assez brève, mais très condensée. Les premiers analystes recevaient leurs patients cinq fois par semaine, pendant quelques mois seulement. Freud a beaucoup réfléchi sur la question de l'« analyse sans fin » précisément.

psychothérapeute est un passeur et non un coach ou un gourou, il ne peut donc être le même pendant quinze ans de manière ininterrompue. Son objectif doit être d'apprendre au patient à dialoguer avec lui-même et à trouver lui-même les personnes et les activités qui favoriseront sa créativité et son bien-être.

Lorsque le moment est arrivé, ni précipitamment en brûlant des étapes, ni « jamais », ce cheminement se prolonge en dehors des consultations. Cela se fait naturellement. La psychothérapie est un moment de notre parcours et non une appartenance sectaire, un substitut de l'autorité paternelle de l'enfance ou de l'amour maternel rassurant. Elle est une expérience, un « entraînement », un voyage. Il faut qu'elle ait un début, un milieu et une fin pour avoir vraiment de la valeur. Qu'elle dure le temps qu'il faut, mais pas indéfiniment.

Faut-il se lancer « à fond » ?

S'investir « à fond » n'a pas la même signification pour chacun, selon sa maturité, son âge et sa personnalité. La façon dont nous abordons la psychothérapie évolue au fil du temps : de bulle d'oxygène pour penser quand nous étions des adolescents dépendants de parents psychorigides, elle deviendra peut-être un lieu d'élaboration plus apaisé, plus calme. Selon les moments de la psychothérapie aussi, cette définition peut varier. Soupape pour ne pas imploser quand nous frôlons le burn-out, elle devient lieu de rencontre avec nous-mêmes lorsque la tempête d'un divorce ou d'une maladie est dépassée.

Les patients volontaristes vont se lancer « à fond », mais cela ne veut pas dire que ceux qui sont moins investis ne peuvent pas avancer. Ce qui importe, c'est le cadre et la régularité. Ce n'est pas « à la carte », sinon ce ne serait pas un travail sur soi. Ce sont des consultations ponctuelles, pour se faire du bien, vider son sac, obtenir des conseils quand on frise la catastrophe. Cela fait partie du travail sur soi d'admettre qu'il faille momentanément s'engager avec quelqu'un pour obtenir un bénéfice durable. Je dirais que la psychothérapie nécessite patience, persévérance, assiduité, comme l'apprentissage d'une langue étrangère par exemple. Peut-être que certaines périodes permettront d'augmenter le nombre de séances hebdomadaires, et pas d'autres, mais là n'est pas le plus important. Travailler sur soi-même, avoir une hygiène psychologique en se remettant en question, implique une régularité. Ne se rendre en séance que les jours où ça ne va pas constitue une perte de temps et d'argent.

L'importance de la régularité

Les séances ne sont pas « annulables ». Ce n'est pas optionnel ou « le jeudi soir, quand je n'ai pas mieux à faire ». Une fois que c'est établi, il ne faut plus se poser la question mais s'investir en lâchant prise. C'est un engagement à durée indéterminée mais non interminable avec un autre. Si l'on « signe », il faut s'y tenir, ne pas trahir sa propre promesse. Oser se donner du temps, c'est un acte de rébellion intime de nos jours ! Faire le bilan tous les deux mois ou mettre les choses au clair avec le thérapeute, oui, mais « quand on bosse, on bosse » et on attend que les résultats arrivent en restant actif. C'est beaucoup moins fatigant. On ne se demande pas le matin si l'on va ou non prendre une douche : on se lave, point final. Vider les poubelles émotionnelles, c'est une nécessité aussi ! Une fois que c'est établi, décidé, il importe d'être présent quel que soit son état de fatigue, son humeur, son envie, son sentiment de n'avoir rien à dire. C'est la seule manière qu'il se passe des choses. Comme pour apprendre à parler anglais ou se mettre au piano ou à l'escrime, l'effort et la discipline du début évitent que la démarche ne demeure vaine. Assez rapidement, le plaisir des bénéfices prend le dessus. Puis, un jour, nous avons le bonheur de pouvoir arrêter et de constater que nous avons changé.

La fréquence des séances est importante. Lorsque nous voulons apprendre à parler anglais ou à jouer du piano, nous savons pertinemment qu'il faut, à un moment, s'y mettre pour de bon. Se rendre au cours une fois par mois, en dilettante, n'engendrera que frustration, sans rien en tirer. Il sera toujours possible d'espacer et d'assouplir quand les « bases » seront en place. Le psychothérapeute ne peut vous donner la même qualité d'intuition s'il vous voit une fois de temps en temps ou si une véritable coopération s'instaure.

En revanche, si être « à fond » signifie y passer quinze ans (ce qui est difficilement réalisable financièrement), je dis non ! Cela s'apparenterait à une forme de dépendance ou de fanatisme à l'égard du psychothérapeute. C'est à lui de vous aider dans le travail de séparation. Il n'est pas un parent de substitution ! La vie, ce sont des séparations et des deuils successifs, qui laissent la place à de nouvelles expériences et à de nouveaux liens. C'est pourquoi le travail sur soi se fait souvent par « tranches » de psychothérapie : deux ans pendant les études, puis quelques années plus tard, à l'occasion de la naissance d'un enfant par exemple, puis peut-être dix ans plus tard au moment où une maladie frappe le conjoint, etc. Le but n'est pas de « tout régler » (ce serait illusoire car l'incertitude fait partie de la vie), mais plutôt de repérer ce qui fait obstacle dans notre personnalité à une adaptation adéquate, ce qui engendre de la souffrance et pourrait être évité. La psychothérapie doit permettre d'identifier les points aveugles de notre personnalité auxquels nous nous heurtons répétitivement, afin de les intégrer, de les assouplir, de les « travailler ».

Une psychothérapie d'orientation analytique peut donc se faire par « tranches ». Parmi les jeunes adultes que j'accompagne, beaucoup interrompent leur psychothérapie pour partir faire des stages à l'étranger ou en province. Le simple fait d'être venus dans mon cabinet durant quelques mois, toutes les semaines, a radicalement transformé leur rapport à eux-mêmes et à leurs peurs. Ils sont plus libres et pourront continuer la psychothérapie ailleurs. Ils savent que c'est possible et précieux. Cette première tranche a fait naître en eux une curiosité, un désir d'entrer en relation avec eux-mêmes plutôt que de répéter un schéma ou de n'avancer que « contre » un modèle qui leur fait horreur.

L'intérêt de reprendre après une pause

Certains d'entre eux reviennent approfondir quelque chose, à l'occasion de leur mariage ou après la naissance d'un enfant. À 25 ans, il faut choisir une voie professionnelle, régler certains complexes pour être à l'aise avec ses pairs. La psychothérapie d'orientation analytique permet de sortir de certaines inhibitions, de poser un regard plus fin, plus nuancé, sur sa situation, et de sortir de la peur de choisir, par exemple, entre une rupture amoureuse ou un engagement dans la durée. À 35 ans, un bébé vient parfois réactiver des problématiques ou révéler tout simplement une difficulté du couple à rester amants tout en devenant parents. Une mémoire familiale peut se réveiller, un deuil non fait, une difficulté inattendue devant un enfant bien réel et non plus fantasmé.

Je crois que, pour lever, la pâte a besoin d'être travaillée puis de reposer : la vie fait son œuvre. Cette envie bien moderne de tout régler immédiatement est, dans le cas de la psychothérapie, un refus de l'intériorité, une façon de ne s'aborder que par l'extérieur. Elle cache une peur de prendre son temps, un interdit de simplement « ne pas se presser », aux antipodes somme toute de l'immédiateté véhiculée par Internet et la culture de l'image. La psychothérapie apprend aussi à déplacer son perfectionnisme, à le rendre plus humain, plus intelligent. Le « fais ceci ou fais cela » de l'enfance devient « fais ce que tu veux, mais prends le temps de le faire bien ». Le « tout, tout de suite » parle de notre insécurité intérieure, de notre avidité boulimique, de notre intolérance à l'attente, avec laquelle nous avons tous à découdre.

Vouloir « gratter » exhaustivement est une forme d'obsession et de déni de nos limites. C'est une forme de mégalomanie. À gratter indéfiniment une plaie au lieu de la soigner puis de la laisser sécher à l'air libre, nous risquons surtout une infection. En matière d'introspection, avoir la tête plus grosse que le ventre finit par nous perdre. Toute plongée comporte un risque de noyade, et les plus fragiles, lorsqu'ils sont mal accompagnés, peuvent succomber aux sirènes du nombrilisme et oublier la réalité extérieure. Les personnes très agrippées au négatif ont beaucoup de mal à terminer leur psychothérapie, mais également celles que le besoin d'attachement nié et insatisfait rend très dépendantes d'une bonne figure parentale. Il est cependant possible d'y mettre un terme sereinement justement en sachant que ce ne sera jamais exhaustif, que la psychothérapie est un passage alors que le travail sur soi dure toute la vie ! Il faut réussir à faire le deuil de l'analyse totale, « dés-idéaliser » non seulement ses parents, mais également la psychologie et le psychothérapeute.

Le rapport bénéfices-risques

La psychothérapie n'est-elle pas une démarche dangereuse ? Bien sûr que si. Pour le patient, mais aussi pour le psychothérapeute ! Je ne sais pas ce qui m'attend quand je m'engage avec un nouveau patient. Quand je vais le chercher dans la salle d'attente la première fois, sa voix, sa posture, son rythme, son regard, sa poignée de main me donnent d'emblée une mine d'informations. Et pourtant, c'est toujours la radicalité d'une rencontre avec un autre, tel qu'il est, dans sa situation actuelle. Il s'agit donc de s'investir en lâchant prise, une fois certains paramètres essentiels vérifiés de part et d'autre (choix du psychothérapeute, etc.).

La psychothérapie est un peu comme une traversée en bateau. Nous embarquons vers de l'inconnu – ou tout au moins du méconnu. Partir à la découverte de soi représente les mêmes dangers que n'importe quel voyage. Le psychothérapeute, guide et passeur, est là pour aider le patient à ne pas se perdre en chemin. Ensemble, ils font le pari que quelque chose de chacun d'eux peut faire alliance en vue d'une plus grande liberté intérieure pour celui qui consulte. Ils surmonteront des obstacles, relèveront des défis. Ils traverseront les épreuves que le patient rencontre dans sa vie, mais également celles qui ponctuent toute relation humaine. La communication, la compréhension ne seront pas d'emblée pleinement satisfaisantes. La différence, c'est que la formation du psychothérapeute et le cadre permettent que ces difficultés deviennent des outils de compréhension de lui-même pour le patient.

Un travail sur soi n'est pas anodin

En réalité, le problème n'est pas de savoir si c'est dangereux. Le problème est que, bien souvent, ne pas entreprendre ce travail sur soi est encore plus dangereux que de prendre les devants et d'aller à la rencontre de soi. Comme l'écrit si bien Carl-Gustav Jung, « un ennemi visible est préférable à un ennemi invisible. Je ne parviens absolument pas à comprendre, dans ce cas, l'intérêt de la politique de l'autruche. Ce ne peut pourtant pas être un idéal pour les humains que de rester éternellement infantiles, de vivre dans l'aveuglement sur eux-mêmes, de rejeter sur le voisin la responsabilité de tout ce qui leur déplaît et de le tourmenter de leurs préjugés et de leurs projections. Combien y a-t-il de couples qui sont malheureux des années durant et parfois toute la vie, parce que lui voit dans sa femme la mère, et elle dans son mari le père, sans qu'aucun des deux parvienne jamais à reconnaître la réalité de l'autre ! La vie est véritablement assez difficile pour que l'on s'épargne les difficultés les plus stupides[1] ».

---

1. Carl-Gustav Jung, *Psychologie du transfert*, Paris, Albin Michel, 1980, p. 79.

Cette connaissance accrue de soi-même évite certaines catastrophes en termes de choix, de relations, de dégradation physique, d'effondrement psychique, de déconnexion totale d'avec soi-même et d'aliénation au désir de l'autre. Se cacher derrière ses mains est acceptable à 3 ans, pas à 30 ! La peur n'écarte pas le danger et mieux vaut l'anticiper, qu'il s'agisse d'un tsunami ou d'une dépression, que d'attendre d'être submergé par lui, ou de développer un cancer ou une maladie auto-immune.

Un travail sur soi n'est pas une démarche anodine. Il est difficile et même effrayant de lever le voile sur certaines vérités. De voir bouleversée l'image un peu trop manichéenne que nous avions peut-être de nos proches. De prendre conscience que nous ne sommes pas tout à fait qui nous croyons être. Certains moments de la psychothérapie sont terriblement perturbants, à la mesure de notre histoire et de nos défenses. Mais ce sont ces moments qui nous permettent de récupérer toute l'énergie et la créativité que nous perdions à maintenir un certain vernis. Ce qui a été n'est plus. Ce que nous croyions être vrai était peut-être une légende familiale qui arrangeait tout le monde.

Le travail sur soi n'est pas « facile ». Il conduit à se défaire peu à peu des clivages cartésiens et autres jugements tranchés sur les autres et soi-même. Des croyances, des jugements qui ne sont pas faux parce qu'ils sont inexacts, mais parce qu'ils sont réducteurs, plus aveuglants qu'éclairants, regards incomplets sur nous-mêmes qui court-circuitent en fait l'intelligence de soi. Le travail sur soi permet de retrouver et de *développer d'autres formes de pensée* que la pensée par jugement. L'écoute du corps, de ses maux, de ses sensations, de ses tensions ; l'association, l'intuition, les rêves. Et ce ne sont pas les discussions avec notre ostéopathe ou notre meilleur ami qui vous permettront cela. Parce que ce n'est pas leur rôle. Penser que cela suffit est une résistance. Une peur de s'explorer vraiment et que toutes nos croyances volent peut-être en éclats. Ou peut-être l'indice d'un piètre intérêt porté à soi-même, au-delà du confort minimal. Apprendre à naviguer dans son propre monde intérieur nécessite de la patience. De même qu'apprendre à jouer du piano ou à parler une langue étrangère demande de l'assiduité et de la persévérance, apprendre à connaître son fonctionnement et faire face à ses contradictions exige un certain engagement. C'est pourquoi une telle démarche ne peut se faire n'importe quand, n'importe comment, avec n'importe qui. Ce n'est pas la méthode qui est potentiellement inefficace ou dangereuse, mais la personne qui l'utilise et le lien qui s'établit entre patient et soignant. Le risque pour le psychothérapeute est toujours ce double écueil : le cynisme froid et distant, mécanique, la carapace rationnelle ; et le narcissisme du gourou enthousiasmant qui materne ses patients, les tutoie et entre dans une connivence complice qui n'est qu'une séduction stupide destinée à éviter le conflit et la difficulté inhérente à toute relation humaine. C'est la raison pour laquelle la supervision fait partie de la déontologie des psychologues et des psychanalystes. Être supervisé, c'est mettre en perspective, avec un collègue plus expérimenté, le travail accompli avec les patients et les attitudes à tenir dans les moments critiques.

Un des dangers les plus redoutés est celui de l'effondrement : « Si je commence à m'écouter… » Or, si vous commencez à vous écouter, vous arrêterez de vous plaindre. Vous regagnerez le centre de votre vie. Vous allez y voir clair et relever les défis parfois herculéens qui émaillent l'existence. Je ne nie pas qu'une psychothérapie d'orientation analytique perturbe. Mais quel traitement ne chamboule pas ? Un simple antalgique peut perturber notre estomac ; une séance chez l'ostéopathe nous fait tomber de sommeil. Alors oui, une séance peut chambouler. Le patient peut avoir l'impression, pendant plusieurs jours, que quelque chose se reconfigure, se repositionne à l'intérieur, mais la solidité du cadre est là pour ça. Il importe d'y aller par petites touches. Tout d'un coup, ça fait trop et on n'y voit plus rien ! C'est contre-productif : le patient est bombardé de l'intérieur, fragilisé. Un bon psychothérapeute fera tout son possible pour que ce qui ne bouge pas et vous fait souffrir soit remis en mouvement ; cela peut provoquer des zones de turbulences, des périodes où vous vous sentirez déstabilisé mais il ne cherche pas à vous faire tomber par terre : le but est que vous trouviez vous-même, progressivement, une autre posture, un positionnement dans l'existence qui vous permette de rester centré tout en étant souple, ouvert à ce qui vous arrive. Une patiente anorexique m'a dit, un jour où je nommais sa peur de ressentir sa dépression si elle lâchait ses comportements autodestructeurs : « Je vais m'effondrer, je sens que je suis tellement triste au fond. Ça va être horrible d'affronter tout ça. » Elle savait que je comprenais sa peur, mais que, moi, je n'étais pas affolée et que je resterais à ses côtés aussi longtemps que nécessaire, quoi qu'il arrive, et que nous regarderions cela ensemble. Elle avait le choix entre rester fixée à des comportements qui la tueraient lentement mais sûrement ou regarder avec moi cette dépression (dont je n'étais pas convaincue qu'elle serait si effroyable).

À ceux qui ont peur d'« affronter tout cela », toute cette terreur intime, je dis qu'il se peut que ce soit très difficile. En revanche, il se peut que ça ne soit pas horrible ! Ce qui semble effrayant, c'est parfois simplement le fait d'avoir des affects, des sentiments, des rêves et des blessures. Mais les apprivoiser à deux diminue progressivement cette angoisse. Je disais récemment à un patient : « Je crois que quand vous dites que vous êtes terrifié, c'est simplement parce que cela concerne l'intérieur de vous. Et d'avoir un intérieur, pour vous, c'est terrifiant. Cela recèle la possibilité de souffrir, d'être seul, d'être envahi, trahi et abusé aussi. » La réalité humaine ne se limite pas à l'ombre, à l'insuffisance, à l'imperfection. Le croire est une focalisation dépressive. Tant que nous nous foutons en l'air, nous ne pouvons pas percevoir autre chose. Mais une belle rencontre est possible. Il suffira d'un psychothérapeute qui ose parier que votre destructivité vaut la peine d'être explorée, qu'elle a peut-être quelque chose à dire. Vous qui étiez là avec la ferme intention de vous détruire minutieusement, vous vous surprendrez peut-être à vivre et à aimer cela. L'ombre en nous, la mélancolie peuvent être dépassées mais pas toujours. Dans ce cas, nous avons le choix entre la laisser nous recouvrir ou l'assumer. Lui donner concrètement la parole, dans la création artistique ou littéraire par exemple. Certains en tirent de magnifiques constructions. Quoi qu'il en soit, ne pas l'affronter, c'est risquer de courir en avant pour y échapper et sentir, parce qu'elle vient du dedans, que la menace est toujours là, grondante comme un orage. Un bon psychothérapeute permet que les averses ne deviennent pas des tornades dévastatrices.

Sort-on vraiment renforcé d'un long travail sur soi ?

Bien connaître son propre fonctionnement émotionnel et relationnel permet de cesser de le subir et de le faire subir aux proches, de cesser aussi d'être blessé quand l'autre fonctionne différemment.

Accueillir la réalité, la sienne, celle de l'autre, plutôt que la vivre comme une agression ou une dévalorisation… Nous sommes alors un adulte debout devant un autre adulte, sans tomber dans les scénarios classiques du type « sauveur, victime ou bourreau ».

La psychothérapie donne la force d'être soi plutôt que de disparaître derrière un rôle en béton qui nous expose à l'alternance entre pression et dépression. Si les conditions nécessaires à un travail de qualité sont réunies, au bout d'un an ou deux, nous aurons acquis une plus grande familiarité avec notre propre fonctionnement, nos peurs, nos défenses, nos refuges, nos besoins. Nous serons capables d'anticiper les scénarios qui risquent de se répéter. Une patiente m'a dit un jour : « C'est comme si, jusqu'à présent, je sentais que je conduisais dans le brouillard, j'étais inquiète, mais je ne savais pas pourquoi. Maintenant que je viens vous voir, je suis plus tranquille, c'est comme si j'avais des essuie-glaces, je vois mieux ce qui se présente à moi, je n'oscille plus entre soumission et impulsivité. » Un travail sur soi suffisamment approfondi permet d'être à la fois plus souple et mieux armé pour faire face aux exigences de la vie. Nous risquons bien moins de nous écrouler sous le coup d'un événement inattendu si nous sommes déjà en dialogue avec nous-mêmes, que nous connaissons nos limites et nos ressources, que nous ne sommes pas confondus avec notre environnement, empêtrés dans le passé et dans les projections des autres !

Oui, nous gagnons une immense liberté intérieure et relationnelle en nous accordant l'espace-temps d'un travail introspectif, avec un *autre* qualifié pour nous accompagner à la découverte de nous-mêmes. Se défaire de la seule façon dont nous pensions pouvoir vivre notre histoire et notre vie, pour découvrir qu'autre chose de bien meilleur pour soi est possible. C'est une force, c'est même un double gain de sécurité et de liberté ! Découvrir qui l'on est, connaître ses contours, cela permet ensuite de s'intégrer dans un tout qui nous dépasse et d'être à sa place. Voilà qui permet d'avancer dans la vie. La route n'en sera pas définitivement aplanie, mais cela permettra d'être positionné de façon juste, pour soi, pour les autres. Enraciné et ouvert.

Certains aspects seront pansés, guéris, d'autres resteront notre plaie, voire notre gouffre. Ils feront partie de nous. Cela n'a rien de désastreux, c'est le signe d'une humanité marquée par l'imperfection, le non-contrôle absolu. Non que notre identité ou notre fierté doivent être dans nos blessures. Mais c'est un leurre de croire que nous pouvons tout résoudre du passé. La vie n'est pas rétractation, mais poussée, mouvement vers l'avant et le dehors. Il faut tout autant savoir ce qui est derrière nous, connaître son passé et ses conséquences encore actives, que se souvenir que c'est le passé, et pas le présent. Ce qui importe, dans le fait de connaître notre histoire et la personnalité de nos parents, c'est la liberté que nous y gagnons maintenant et pour la suite. La liberté n'est pas une autorisation illimitée à geindre. Il ne s'agit pas de s'enfermer dans une pseudolucidité qui serait en fait un fatalisme accusateur : la psychothérapie ne consiste pas à faire le procès de ses parents pour trouver des coupables à tout prix de ce qui ne va pas dans notre existence. Cela ne va pas sans dureté parfois, lorsque l'on doit reconnaître que l'on a été instrumentalisé par sa mère, maltraité par son père, ou abandonné par ses frères et sœurs au pire moment de notre vie, mais on le fait pour soi, pas pour eux, pas pour les accuser et rester un enfant frustré ou un adolescent en rage.

Plusieurs de mes patients sont venus me voir avec un tel chagrin, un tel dépit qu'ils n'avaient plus envie de vivre. Jeunes ou moins jeunes, déçus, malades ou perdus. Et puis un jour, ils se sont aperçus qu'ils n'avaient plus du tout envie de mourir. Qu'ils avaient une mine de projets. Qu'ils avaient envie d'aimer, d'être aimés, d'être heureux. Même si tout n'était pas parfait. Cette envie de vivre, n'est-ce pas une force primordiale, décisive ?

Ne risque-t-on pas de se focaliser sur le passé ?

Un travail sur soi digne de ce nom n'est pas enfermement complaisant dans le passé mais dégagement pour être disponible au présent et à l'avenir. L'individuation, la maturation, c'est l'inverse de l'agrippement et de l'accusation indéfinie.

Il ne s'agit pas tant de se focaliser sur le passé que de laisser les liens se faire. Comment savoir où nous allons en ignorant d'où nous venons et ce qui nous a façonnés ? Cela peut s'apparenter à un droit de regard sur notre héritage, entre ce qui nous a été transmis, ce que notre famille attendait de nous (ou même, si l'on ne nous attendait pas) et ce que nous voulons être. Identifier que notre père nous désirait mais a projeté sur nous sa peur de l'échec ou encore que notre mère ne nous désirait pas éclaire nombre de nos réactions et de nos positionnements à l'égard d'autrui et des liens affectifs. Il est préférable d'en avoir conscience avant de fonder une famille… ou de conclure peut-être hâtivement que nous ne voulons pas de famille.

Qu'est-ce qui m'a été transmis, quel est mon héritage, psychique, émotionnel, quels sont les conditionnements dans lesquels j'ai grandi ? Comment les ai-je intériorisés, alors que peut-être mes frères et sœurs en ont fait autre chose ou ont été l'objet d'autres attentes de la part de mes parents ? Qu'est-ce que mon père projetait sur son seul fils par exemple ? Comment interagissaient mes parents ? Quels étaient les impératifs, les messages (« Sois parfait », « Dépêche-toi », « Ne pense pas à toi », etc.) ? Qu'est-ce qui était valorisé, neutre, disqualifié ? Qu'est-ce qui était surinvesti (les notes par exemple) et pour éviter quoi (de parler des angoisses, des émotions, des sentiments ou des vrais problèmes peut-être) ?

Quel homme était mon père ? Quelle image du masculin, quelle image de la paternité, m'a-t-il laissée ? Quelle était son attitude à l'égard des hommes, des femmes, du monde ? Ainsi, ce patient convaincu qu'il voulait réellement ne jamais fonder de famille pour ne pas entraver sa liberté et qui comprit que derrière cela il y avait aussi, peut-être, un lien avec une enfance malheureuse. « Oui, mais l'admettre, c'était remettre en cause mon père, admettre que je ne voulais pas lui ressembler, et c'était inacceptable car il nous a tellement donné en apparence. » Quelle femme était ma mère, derrière les rôles, les apparences, la légende familiale ? Qu'en ai-je, moi, perçu et de quelle manière cela me retient-il ou me fait-il grandir ? M'a-t-elle donné l'impression que j'avais le droit d'être épanouie (si nous sommes une femme), heureuse, ou ai-je tellement de complexes que je vais choisir un homme avec qui je n'épanouirai jamais mon féminin ? Suis-je prête à me laisser épanouir ou ai-je envie d'être une femme qui contrôle tout, son corps, sa carrière, ses sentiments parce que je suis terrifiée par l'inconnu, l'abandon, la surprise, peut-être même le bonheur ? Rien que tout cela, indépendamment même d'éventuels lourds traumas passés ou de problèmes actuels (séparation, maladie, deuil, choix d'orientation, difficulté d'engagement…) est un grand travail qui demande du temps et de l'énergie, pour en gagner énormément à plus long terme.

Il n'y a pas que les messages verbaux conscients, lesquels peuvent se contredire, par exemple parce que notre mère nous désirait diplômée d'une grande école alors que notre père nous répétait que le bonheur d'une femme résidait dans l'éducation de ses enfants. Repérer les injonctions et les *a priori* à l'œuvre dans la famille prend du temps. Il faut transgresser la « version officielle » qui circule dans l'imaginaire familial. Un de mes patients s'est aperçu à 40 ans seulement que *peut-être* il n'y avait pas un bon et un méchant dans le couple parental, mais que la pauvre victime avait également bien fait souffrir le « froid bourreau insensible » qu'était son père aux yeux de la fratrie, et que *peut-être* elle avait eu des « bénéfices » à se positionner toujours en victime. Il a pu envisager à 40 ans qu'il était temps de se faire sa propre idée de son père plutôt que de vivre avec l'idée que « les hommes sont des salauds », comme le lui répétait sa mère, ce qui lui bouchait l'horizon dans sa propre vie de couple. Cela prend du temps de décortiquer le modèle des hommes et des femmes que nous avons inconsciemment intériorisé, de cerner les paradoxes – par exemple, ces mères de famille nombreuse épuisées qui ne se posent jamais mais qui disent à leur fille : « Vis pour toi, aie confiance en toi. » Savoir ce qui nous a été transmis n'est pas instantané. Il y a beaucoup d'inconscient, d'imprécisions.

Marie-France a découvert à 45 ans qu'elle n'était pas attendue par sa mère, qui avait vécu sa naissance comme une catastrophe, un poids. Cela ne s'était pas transmis consciemment, sa mère se sentait trop coupable pour exprimer des sentiments si ambivalents. Mais le jour où Marie-France est entrée dans mon cabinet, ce qui m'a frappée, sans que je ne puisse en conclure quoi que ce soit à l'époque, c'est que cette patiente avait l'air « catastrophée ». Tout le temps. Dans ses gestes, dans son regard, ses mouvements, ses paroles saccadées, son anxiété débordante. Elle n'était pas posée, pas assise, pas tranquille. Elle le savait et s'en sentait coupable. Nous avons travaillé sur ce rapport au monde qui était exclusivement modelé par la culpabilité... Culpabilité d'exister, fondamentale, primaire, préalable à tout mouvement et toute pensée, ligotée qu'elle était dans la souffrance maternelle. Ni jugement ni culpabilité, acceptation de son être. Désintoxication profonde du passé.

La souffrance est mère de la souffrance, il faut repérer ces schémas familiaux toxiques. Alors nous pouvons nous réveiller, nous prendre en main. Connaître ses racines n'est pas morbide, c'est admettre que nous sommes, par définition, le fruit de la rencontre entre deux individus. Tout être humain est fils ou fille d'un homme et d'une femme. Bien connaître sa filiation, savoir d'où l'on vient participe de savoir qui l'on est et où l'on va. Pour ne pas être simplement la somme de ces deux lignées qui se rencontrent, être plus que le melting-pot de facteurs génétiques, sociaux, de mimétismes, de loyautés psychologiques, d'héritages culturels, avons-nous d'autre choix que d'exercer un droit de regard sur cet héritage et la façon dont ces deux lignées s'écharpent ou se confondent en nous ? La liberté, c'est la marge se dégageant d'une pluralité de facteurs qui se compensent et se surdéterminent au sein d'une même personne. Cette personne s'inscrit dans des coordonnées (où, quand, sexe, génération), avec ce que chacun de ces paramètres implique.

156

Le but est de se positionner par rapport à son héritage. Cela implique de le connaître, d'en faire l'inventaire. En sachant qu'une grande part de cet héritage, de ces transmissions, à l'instar de l'ADN qui travaille à notre insu, restera inconsciente, parce que nous arrivons après des générations et des générations. Et après nous, il y aura encore des générations et des générations. En réalité, « rien ne se perd, tout se transforme », comme disait Lavoisier, et se transmet sous forme de précipité, à notre insu. Nous pouvons défricher notre territoire pour y être au clair, y être debout, y connaître le bonheur, y être enracinés et ouverts. Nous ne pouvons tout découvrir. Et si comprendre est essentiel, vouloir tout analyser est une illusion mortifère qui relève tout simplement d'une terrible peur de vivre et d'un refus de l'existence comme mouvement perpétuel.

Le passé surgit, mais la psychothérapie s'intéresse à la réalité, à la réalité de la personne, avec son passé, certes, mais pas seulement. Elle part de ce qui est, pas de ce qui aurait dû être. Ou alors c'est une entreprise de critique interminable car rien n'a jamais été, n'est et ne sera jamais parfait. La psychothérapie permet, à la façon d'un étirement ou d'une posture de yoga qui met de l'espace entre chaque vertèbre, d'étaler ce qui est :

- il y a ce que je suis et que j'ignore ou minimise ;
- il y a ce que je voudrais être ;
- il y a ce que je joue à être de peur de ne pas être aimé.

« L'analyse des idéaux du Moi n'est pas chose aisée, écrit André Green, tant il est vrai que le Moi devient identifié à ses projections idéalisées qui lui semblent tenir à la nature de son être. » C'est plus facile de s'identifier à la partie idéalisée de soi qu'à notre monde pulsionnel ou nos fragilités. « Quand un tel travail analytique est couronné de succès, le Moi peut alors se délivrer de la tenaille qui le tient prisonnier entre l'orgueil et l'humiliation. Entre la grâce et la chute, il devrait y avoir place pour une commune mesure[1]. »

Ne risque-t-on pas de se perdre en pourquoi stériles ?

Je suis entièrement d'accord sur les limites de la compréhension intellectuelle. Une véritable psychothérapie ne doit pas renforcer le mental mais harmoniser le corps, la conscience et le spirituel. Comprendre ne suffit pas et nous laisse dans l'impasse si la compréhension est intellectuelle. L'enjeu est de comprendre au sens étymologique du terme (« prendre avec ») : intégrer, assumer, porter en soi ce qui nous constitue, le bon comme le mauvais, le passé comme le présent, le besoin comme le désir. Comprendre, c'est partir de la plainte et du pourquoi pour arriver au comment et à l'émotion. C'est lorsque l'on s'intéresse au « comment » (comment ça m'a affecté, comment je réagis) que la liberté arrive, de son pas léger et amical. Juste en prenant le temps de revivre des affects refoulés depuis longtemps et de se remettre en question, de s'apercevoir que, peut-être, ce que l'on a toujours cru être important pour nous nous ennuie mortellement et ce que l'on a vécu sans y prêter attention nous a peut-être bouleversés… Et pour cause, de fil en aiguille, des souvenirs reviennent, des moments inauguraux

---

1. André Green, *La Folie privée*, Paris, Gallimard, 1990, p. 335.

d'une peur ou d'un comportement refont surface, un rêve couronne le tout et un pan de soi s'en trouve réintégré.

S'enfermer dans le pourquoi, c'est éviter le constat des faits psychiques bruts. Reconnaître tel désir, reconnaître la violence en nous, l'envie, la haine, n'est pas facile. Il est rassurant d'avoir une explication, surtout si l'explication permet de situer la cause un peu à l'extérieur de soi : la violence absorbée dans l'enfance, les carences… À trop utiliser le passé pour justifier le présent, on arrive surtout à ne rien changer et à rester fidèle à ceux que l'on critique tant. Y a-t-il un attachement plus fort que la haine et le ressentiment ? Le travail sur soi permet de se poser certaines questions, non pour se perdre, mais pour ouvrir le champ des possibles et se réaliser vraiment. Remonter à l'origine d'un schéma de pensée ou d'une impression n'est pas une vaine tentative de retrouver le « début » chronologique ou une prétendue cause expliquant « tout ». Il s'agit de discerner derrière ce qui fait souffrir répétitivement, l'architecture de notre fonctionnement. Qu'ai-je fait, comment ai-je reçu, comment ai-je interprété et repris les attentes de mon père, de ma mère, leurs angoisses ? J'ai fait quoi avec l'interdit de vivre pour moi transmis par ma mère et la peur viscérale d'échouer de mon père ? Ou encore : qu'ai-je fait de l'impératif paternel « marche ou crève », couplé à l'obligation maternelle d'être toujours une jeune femme polie, discrète et souriante ? Où est-ce que ça me fragilise, où est-ce que ça m'empêche de me traiter dignement, en me laissant de l'espace pour repérer mon désir propre ? Suis-je réellement apte à m'en défaire, ou est-ce que, de façon masquée, je continue d'essayer d'obéir à mes deux parents intériorisés ? Autant de questionnements qui favorisent la prise de distance et rendent un nouveau choix possible. Selon notre personnalité, notre sensibilité, notre situation présente, notre état physique et notre histoire, les réponses à ces questions peuvent s'accompagner d'émotions brutales, intenses, qu'il est bon de ne pas vivre seul, et que le conjoint ou les amis ne peuvent porter ni élucider.

Une jeune patiente me disait récemment : « Je crois que je voulais trouver des coupables plutôt que de m'apercevoir que, quels qu'aient été mes parents, il y aurait eu en moi de l'agressivité et de la sexualité. Avec vous, je comprends qu'on est tous des humains, et même si ce n'est pas plaisant, c'est moins dur, j'ai moins honte. Merci, parce que j'aurais pu me perdre en récriminations contre ma mère et ça ne m'aurait pas rendue plus libre. » Voilà. Il y avait eu le temps du droit de regard, de la reconnaissance (« Ça vous a manqué, vous avez souffert de ça »), et puis le temps de larguer les amarres… Il faut la présence du psychothérapeute comme témoin authentifiant la souffrance du sujet pour que la plainte devienne désir de cicatrisation de la blessure. Plus cette patiente a pu reconnaître combien la personnalité de son père l'avait conduite, sous couvert d'indépendance, à mépriser profondément la gente masculine, moins elle a eu besoin de « tester » son petit ami. Le jour où elle a pu reconnaître que son père l'avait littéralement abandonnée, elle a pu commencer à aimer un homme librement, à écrire une autre histoire.

Nous ne sommes nullement des tables rases à la naissance, progressivement abîmées, dégradées par l'environnement. Il ne s'agit pas d'éviter le pourquoi mais de rendre à chacun ce qui lui appartient. Rendre d'abord à l'histoire familiale, aux carences ou violences ce qui leur revient de notre fragilité, et rendre à nous-mêmes, et en

160

nous-mêmes, ce qui tient à notre personnalité, et ce qui tient à la nature humaine, capable du meilleur comme du pire. Tolérer que la vie ne soit pas en noir et blanc est la condition pour dépasser la dépendance autant que la culpabilité.

Affronter son ombre

L'introspection permet de découvrir nos superpouvoirs de guérison, de créativité et de renouvellement. La vie est un perpétuel travail psychique d'adaptation et d'intégration de notre monde pulsionnel et des exigences extérieures. La société gagnerait beaucoup à ce que chacun pose un regard attentif sur lui-même. Et la société, c'est nous tous, et c'est aussi ce que nous laissons à ceux qui nous succèdent… Aujourd'hui, les couples « consultent », les enfants « consultent », les ados « se font suivre », les mères de famille vont « chez le psy ». Il ne suffit pas de consulter un psy pour travailler sur soi. Il ne s'agit pas de se renforcer dans son bon droit ou de trouver un coach de plus, si utile soit-il dans des situations bien précises. Il s'agit de s'ouvrir, de se découvrir, de s'affranchir et de faire place à des relations saines avec nos proches et avec le monde.

Je suis sûre que lorsque j'ai parlé de défis herculéens, certains d'entre vous ont eu envie de hausser les épaules. Peut-être faut-il regarder un enfant grandir pour cesser de nier que devenir adulte est un chemin délicat au bout duquel peu d'entre nous parviennent. Travailler sur soi est aussi difficile que libérateur. Ce n'est pas une mince affaire et pourtant, tôt ou tard, il nous faudra bien nous remettre en question, nous poser, nous interroger sur ce que nous avons vécu et reçu… N'attendons pas la sanction, l'étonnement sidéré d'une rupture, la désillusion professionnelle, l'adolescence intempestive de nos enfants ou la maladie pour le faire.

Je crois fermement qu'apprendre à s'aimer est le meilleur moyen pour se protéger des personnes toxiques autant que pour savoir et oser aimer ceux qui nous sont chers. Remonter le cours de nos ambitions et de nos objectifs nous évite de devenir dépendants et aigris quand notre ego est égratigné par la rivalité ou la jalousie. Notre société ressemble trop souvent à une arène grotesque où les narcissismes s'entrechoquent. Plus nous développerons notre regard intérieur et notre singularité, plus nos chemins seront uniques et, comme par magie, nous découvrirons qu'il y a de la place pour tout le monde ! Comment demeurer bienveillants quand nous ne nous respectons pas nous-mêmes ?

Le travail sur soi permet de sortir des carcans, des idées reçues que nous avions sur nous-mêmes et sur la vie, des projections et des attentes de nos proches. Cessant d'attribuer à l'autre la source de notre malheur ou de notre bonheur, nous ne cherchons plus dans son regard de quoi réparer une estime fluctuante de nous-mêmes. Nous apprenons à assumer nos responsabilités sans nous négliger ni nous mentir. Nous cessons de porter l'autre ou de chercher à l'écraser. Nous acceptons de ne pas être compris. Nous cessons de ruminer des émotions négatives de rancune ou de chagrin. Nous acceptons de ne pas être parfaits, qu'il y ait un écart entre notre réalité et notre idéal, mais aussi que la réalité soit malléable, transformable. Le travail sur soi offre ce superpouvoir de l'alchimiste : transformer la pierre en or.

Faire le tri, nettoyer, cicatriser, et pour finir apprivoiser en nous ce dont nous ne parvenons peut-être pas à nous débarrasser, voilà quelques objectifs de ce travail. Hygiène mentale et émotionnelle qui n'est pas destinée à quelques élus torturés mais qui est sans doute la clé étonnamment simple d'une vie meilleure. L'être humain porte en lui du négatif. Ce négatif n'est pas le simple reflet du mal qui lui a été fait dans l'enfance. Nos parents sont des humains, chargés d'ombre et de lumière, parfois très toxiques mais pas tout-puissants, ni en bien ni en mal. Ce négatif n'est pas non plus une fatalité, un conditionnement biologique contre lequel nous serions totalement démunis. Même enchaînés et détruits, violés, rabaissés, si nous sommes encore en vie, nous pouvons nous battre pour cette libération intérieure qui n'est pas tant absence de contraintes que positionnement juste. La vie est ce qu'elle est, inégale, brutale, fragile, splendide et injuste. Nous ne sommes à l'abri de rien, pas même d'une belle rencontre. Alors pour ne pas avoir à nous enfermer dans un protectionnisme aride, développons notre force intérieure. Des armes souples et légères, plutôt qu'un lourd et prévisible bunker de cynisme.

Ce que l'on aborde en psychothérapie ? Soi. L'intérieur. La lumière et l'ombre. Qu'est-ce que j'inhibe ? Sur quelles émotions ravalées me suis-je construit ? Est-ce que je retourne contre moi cette violence dont je ne sais que faire, cette colère ? Oui, au cours d'une psychothérapie d'orientation analytique, nous affrontons notre ombre, nos fantômes et nos démons. La colère n'est plus destinée soit à se taire et à se transformer en douleurs ou maladie chronique soit à s'exprimer en agressivité, susceptibilité et insatisfaction durable. Elle peut se dire et trouver une troisième voie[1]. Telle est ma conviction profonde : le travail psychologique sur soi-même est au service d'une harmonisation de tous les plans de l'être et permet de gagner en maturité autant qu'en épanouissement et en sérénité. Je fais quotidiennement le constat que la parole est libératrice et qu'un travail sur soi permet un chemin inimaginable vers la cohérence, la maturité, la liberté intérieure et relationnelle. Un peu moins de chaos, un peu plus de paix… Le travail sur soi permet d'arrêter d'être étonné… mais pas de s'émerveiller. La désillusion est suivie d'un réenchantement pour ceux qui persévèrent.

Vous n'hésiteriez pas à faire un bilan de compétences ? Alors dites-vous que bien vous connaître, c'est comme un bilan de compétences puissance dix mille. Une plongée avec pêche miraculeuse à la clé. Plus sérieusement : la liste des raisons, évidentes ou subtiles, directes et indirectes, collectives et personnelles, est longue. Vouloir la dérouler de manière exhaustive serait vain. Si j'ai pu, à l'issue de ce livre, attiser assez de curiosité en vous pour que vous en découvriez des milliers d'autres ou plutôt une seule, évidente, je m'en réjouis. Vous serez émerveillé de constater les répercussions positives de cette

---

1. Voir à ce sujet le très bel ouvrage de Lytta Basset, *Sainte Colère* (Genève/Paris, Labor et Fides/Bayard, 2002), qui explique très bien à quel point il importe, entre soumission fataliste et contre-violence vengeresse, de faire de notre colère une source d'énergie constructive.

démarche sur vos relations. Et si les relations entre les êtres s'améliorent, sans idéalisme, sans tentation de paix absolue qui serait un pur déni de l'existence du mal et de la destructivité, mais aussi de la nécessité du conflit dans la nature humaine, alors oui, je crois que la vie pourrait être considérablement améliorée et plus amusante aussi.

Je pourrais écrire et témoigner encore et encore, retranscrire des séances, partager avec vous ma passion mais les mots ne remplacent pas l'expérience vécue. Deux subjectivités qui se rencontrent, c'est une infinité de possibles. La relation thérapeutique se vit plus qu'elle ne se raconte. Naître à soi-même n'est pas une fable, c'est juste un long et lent processus.

Bibliographie

ANCELIN-SCHÜTZENBERGER Anne, *Aïe, mes aieux*, Paris, Desclée de Brouwer, 1993.

BASSET Lytta, *Sainte Colère. Jacob, Job, Jésus*, Genève/Paris, Labor et Fides/ Bayard, 2002.

CARLSON Richard et BAILEY Joseph, *Slowing Down to the Speed of Life: How to Create a More Peaceful, Simpler Life from the Inside Out*, New York, HarperOne, 1997.

DANTON Derek, *Les Émotions primordiales et l'éveil de la conscience*, Paris, Flammarion, 2005.

DEBRAY Rosine *et alii*, *Psychopathologie de l'expérience du corps*, Paris, Dunod, 2005.

EDELMAN Gerald M., *Plus vaste que le ciel. Une nouvelle théorie générale du cerveau*, Paris, Odile Jacob, 2004.

FROSSARD André, *Le Parti de Dieu. Lettre aux évêques*, Paris, Fayard, 1992.

GIRARD René, *Anorexie et désir mimétique*, Paris, L'Herne, 2008.

GREEN André, *La Folie privée*, Paris, Gallimard, 1990.

HILLESUM Etty, *Une vie bouleversée. Journal 1941-1943*, Paris, Seuil, 1995.

JANSSEN Thierry, *La Solution intérieure. Réveillez le potentiel de guérison qui est en vous*, Paris, Pocket, 2007.

JUNG Carl-Gustav,
L'Âme et la Vie, Paris, Albin Michel, 1965.
Psychologie du transfert, Paris, Albin Michel, 1980.

KRISTEVA Julia, *Soleil noir. Dépression et mélancolie*, Paris, Gallimard, 1987.

LELOUP Jean-Yves, *Prendre soin de l'être. Philon et les thérapeutes d'Alexandrie*, Paris, Albin Michel, 1999.

ODOUL Michel,
Dis-moi où tu as mal, je te dirai pourquoi, Paris, Albin Michel, 2002.
Dis-moi quand tu as mal, je te dirai pourquoi, Paris, Albin Michel, 2013.

RICARD Matthieu, *Plaidoyer pour le bonheur*, Paris, Nil Éditions, 2003.

RUIZ don Miguel, *Les Quatre Accords toltèques. La voie de la liberté personnelle*, Paris, Jouvence Éditions, 2005.

SINGER Christiane, *Où cours-tu ? Ne sais-tu pas que le ciel est en toi ?*, Paris, Albin Michel, 2001.

ZADJE Nathalie, *Guérir de la Shoah*, Paris, Odile Jacob, 2005.

Composé par Sandrine Rénier

Dépôt légal : juin 2015
Imprimé en Allemagne par BoD